財商

要富口袋，先富腦袋
學會聰明理財，低薪族也能財務自由

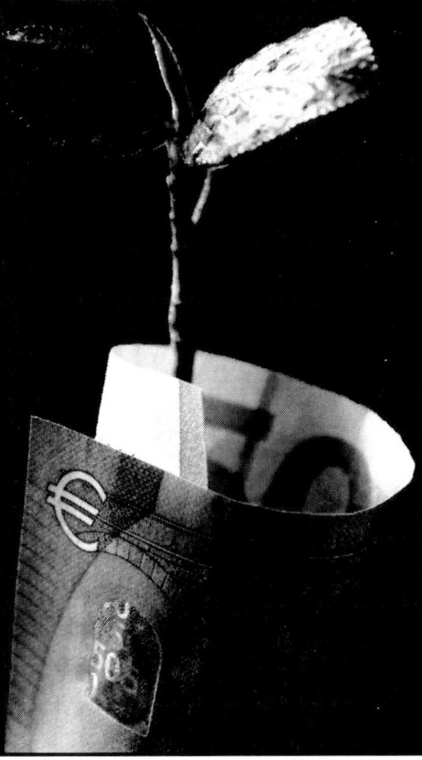

梁夢萍、才永發——著

錢不是萬能的，但沒有錢萬萬不能

並非只有富人才需要理財，事實上，越是貧窮，越要學會理財

★以最生活化的案例，介紹最實用易學的理財方法

★每章附贈「世界銀行家」篇章，帶你一覽世界各地理財高手的故事

★每章追加「回溯歷史」篇章，帶你看歷史上的貨幣演變及古代金融故事

目錄

目錄

目錄

財商

要富口袋，先富腦袋 — 學會聰明理財，低薪族也能財務自由

目錄

第一章　樹立正確的理財觀

理財越早，收益越好

當今社會競爭非常激烈，人人都面臨著機遇和挑戰：一方面是這些年國際經濟快速轉變，帶來的金錢收益普遍增加；另一方面是物價指數連續走高的影響，這些因素讓我們想不理財都不行。讓我們想想，要是別人的財富與日俱增，而我們自己卻始終處在財富的較低層次，整天為柴米油鹽醬醋茶而擔心的話，你心裡是什麼滋味？其實，也許你的收入並不高，可是只要你能將它們做個合理的規劃和運用，那麼，我想你也會在生活中過得快樂。這就告訴我們：在現代社會，理財已經成為人們生活中不可或缺的一部分。

俗話說，你不理財，財不理你。特別是中小學生，更要從小樹立理財的意識，樹立正確的理財觀。我們要知道善於理財很重要，也許你會認為自己現在還沒有多少錢，根本沒必要去理財。事實上，我們應該盡早學會理財，這樣才能把我們平時的零用錢精心規劃、合理安排。

理財的本質就是善於用錢，使我們的財務收支狀況處於最佳狀態，從而提高個人的生活品質。我們可以打個這樣的比方：理財和整理房間有一定的類似之處。如果我們擁有一棟大房子，自然需要收拾整理。當然，要是房子的空間狹小，則在精心收拾和整理下才能留出足夠的空間容納東西。對我們來說，要是房子的空間越少，就越需要整理和合理的規劃安排，否則會凌亂不堪。對於我們理財來說，當我們可支配的資金越少時，就越需要我們透過精心安排，把這些有限的錢用得恰到好處。所以，要想合理規劃和運用自己的錢財，就要掌握適當的理財方法。

理財主要包括兩個方面：賺錢和花錢。賺錢就是如何積累財富，讓我們能夠得到錢。而花錢則是如何用最少的錢獲取最好的服務和最大的滿足。

我們要理財，首先要確認自己的理財目標。在這一過程中，我們還需要有投資理財的方法和工具，並且掌握好時間。一般而言，早投資多回報，早理財早受益。

下面舉例說明這一點：

有兩位國中生嘉明和帆裕，他們是好朋友，每天一起上學，一起回家，每天都能夠得到一百元零用錢，但是唯一不同的是：嘉明一開始就把零用錢先存起來一部分，並且一段時間就固定將錢存進了銀行。而帆裕沒有像嘉明那樣一開始就存錢，總覺得自己若是沒錢的時候可以找家長要，結果到了月底一點錢也沒有剩下。

一個月下來，嘉明的銀行帳戶裡面已經存有一千多元了，而帆裕卻一分錢也沒有。過了一年的時間，嘉明的存款已經有一萬兩千多元了。這對於學生來說可是一筆不小的財富，我們可以用這些錢去買我們想要的東西，也可以為家長減輕負擔。但是帆裕呢？不僅一分錢沒有存下來，而且想買自己喜歡東西的時候還要向家長要錢。

由此可見，從小我們就學會理財是多麼的重要，也可以看出投資的時間越早，回報率越高。因此，我們要想及早成為一名聰明的理財者，就要清醒認識到理財的重要性，並且要及早進行理財，這樣我們才能得到回報。

【世界銀行家】

※ 世界銀行前行長伍芬桑

詹姆士．大衛．伍芬桑，西元一九三三年十二月生於澳洲，獲得雪梨大學學士學位和法學士學位。後移居美國，獲哈佛大學商學院工商管理碩士學位，早期在發展中國家作了許多投資銀行生意。

伍芬桑是紐約華爾街的一位享有國際聲譽的投資銀行家。他成功地使自己的公司——詹姆士．大衛．伍芬桑公司發展成一個強大的投資銀行集團，年度營業額高達一百億美元。

一九九〇年任華盛頓地區甘迺迪藝術中心總裁；一九九五年六月任世界銀行行長；一九九九年九月，世界銀行董事會一致通過對伍芬桑連任行長的提名；二〇〇五年五月三十一日卸任。

【回溯歷史】

※ 世界最早的紙幣

關於世界上最早的紙幣有兩種說法：一種認為是咸平元年（西元九九八年）前後在四川地區民間出現最早的紙幣「交子」。最初的「交子」由商人自由發行。北宋初年，四川成都出現了專為攜帶鉅款的商人經營現金保管業務的「交子鋪戶」。但是歷史學界的專家認為當時的「交子」相當於現在的「支票」，在當時並沒有大規模流通；另外一種觀點認為在杭州出現的「會子」才是世界上最早的紙幣，更是中國最早的紙幣。

理財的三點意義

在現代社會，隨著自身年齡的不斷增長，我們對於財富的需求也逐漸增加。首先念書的開支越來越大，除了正常的學費外，還要買很多的課外書，參加一些補習班，那麼，這些錢從何而來呢？當然，能活用自己的儲蓄是最好的。如果我們單純的只想著要父母掏錢，那就太不應該了。所以，學生時期也應該學會理財，這對將來是很有幫助的。

對於大多數人來說，薪資並不一定會隨著年齡的增長而增長。即使有增長，可能也是杯水車薪，根本不夠開支，因為年齡越大，需要開支的地方就越多。另外，物價也是在不斷上漲的。特別是年輕人，在出門的時候看見喜歡的東西就想買，可是有的時候因為口袋裡沒有錢只能對著想要的東西望而卻步。所以說，做好理財，儲備一定的資金是很有必要的，其實理財和我們衣、食、住、行一樣，都是生活中不可缺少的。

那麼什麼是理財呢？其實理財簡單來說就是對自己的錢進行系統的、有計畫的管理，以便實現個人財產的一個正確的安排和合理的使用，使其價值發揮到最大化。

總體來說，理財的意義是很大的，下面我們歸納了幾點：

第一，理財可以獲得更多的財富。

財富是積累起來的，積累需要一定的時間，而學會了理財就可以使積累的時間變短，從而加速積累的過程，使我們的財富目標提前實現。財富的積累是個從少到多，從無到有的過程。

第二，理財可以使手中有一筆比較穩定的資金。

很多人不喜歡理財，更不善於理財，他們總是沒有計畫的花錢，所以很多人不但手中的錢沒有保住，而且讓自己手中的錢迅速的減少和流失。

胡適先生是著名的學者、外交家、教育家，他一九一七年留學回國，在二十七歲的時候就擔任了北京大學的教授，而當時的薪資是每月兩百八十元，相當於現在二十五萬多。當然，除了這些基本薪資之外，他寫文章還有版稅和優厚的稿酬，加上這些錢，根據估計，當時胡適先生每個月所賺的錢放在如今就相當於一百多萬元，這可以說是一個非常高的收入了。但是，在西元一九三七年抗日戰爭爆發之後，胡適先生的收入卻大大減少，但是因為他並不怎麼理財，也就沒有存下錢來，生活開始拮据，直到他死去。

所以，我們可以看出，一個人不論有多少財富，不論處於什麼地位，都應該學習理財知識，這樣我們生活才能穩定和幸福。

第三，理財可以應對意外事故。

俗話說：「天有不測風雲，人有旦夕禍福」。我們誰也不能保證自己能夠一帆風順的走過人生道路。我們可能會生病，也可能會面臨著失業，更有可能會遇到一些意外傷害。所以我們頭腦中必須隨時有憂患意識，要懂得「居安思危」。

在自己身體健康的時候能夠進行理財，儲蓄一些錢，從而為自己留一條後路是很有必要的。

其實，每個人的財富就像是一座水庫，而個人的收入就像是水庫上游的河流。只有河水努力不斷向水庫注水，加上水庫的合理調節和儲水，才能保證河水不斷，水庫儲滿。而理財就像是管理自己的水庫。當我們年輕的時候，就要學會修築堤壩。只有進行了合理的規劃，按照自己的規劃去好好運用自己的錢財，才能讓自己在戀愛、結婚、養育下一代乃至退休養老的人生中，使自己財富的水庫保持碧波萬頃，大旱無憂。無論是窮人還是富人都要學會理財。而對富人來說則更需要理財，這是因為：你的收入越高，要是對自己的財富不進行合理規劃或是懶得理財的話，你的損失也將越大。

不合理的理財會讓我們永遠貧困，而我們進行合理的理財，則可以使我們受益一生，為我們享受更美好的人生打下基礎。大家要懂得，一味的拼命賺錢是成不了富人的，懂得理財才是我們致富的最佳途徑和手段。

【回溯歷史】

※ 最早的錢幣

貝本身就具有自然單位的功能，而且輕巧堅固，便於攜帶，與此同時，在原始社會，先民早已經用貝作為裝飾品，對它非常熟悉，所以用貝作為交換商品的手段也是最方便合適的。因此可以說，貝是最早的貨幣。起初使用的是天然貝，以後又產生了人工製造的骨貝、石貝、陶貝和銅貝等。

五招教你保持富裕的智慧

富裕，一個很誘人的詞彙。人生在世，誰不想享受富裕的生活。但我們也要明白，富裕不是想憑空想像出來的。要走向富裕，就要有一定的方法。讓我們來看以下的幾點介紹：

第一，要學會獨立思考，不要隨波逐流。

談到錢，大多數人都希望自己能夠穩定的賺到錢，大部分的人很少有賺錢的激情，只是擔心自己沒有錢。其實很多人隨波逐流的原因就是因為心裡有恐懼，正是由於這種恐懼，害怕被排斥的心理，使人們完全服從而不去質疑那些被廣泛接受的觀點或者流行的趨勢。

大多數人的財務困境就是因為自己隨波逐流，盲目跟從他人而造成的。而高財商的人不會是一個隨波逐流的人，他一定是一個善於獨立思考的人。

第二，改變你的詞彙。

在日常生活當中，我們常聽到「要用錢去賺錢」之類的話。高財商的人認為，這是現今流行的一種最糟糕的觀點，特別是對那些想得到很多錢的人來說更是如此。其實，高財商的人懂得的東西我們都具備，這些東西可以比錢的成本小。而且甚至是可以免費獲取的。

窮人和富人的不同之處就在於他們平常所用的詞語不同。富人經常使用諸如「資本運算」、「利潤」、「現金」等詞彙，而窮人掛在嘴邊的詞語是「荷包緊張」、「生活困難」等詞語。

一位在經營上面非常成功的人士指出：「如果人們想增加他們的財務成功機會，他們就應該從增加使用這一領域的詞語做起。」

第三，最好存下一些「私房錢」。

往往一提到「私房錢」，很多人立即便會聯想到家庭主婦。其實，它並不是家庭主婦的專利品。而是每個人都應該存下一些私房錢。這是為什麼呢？在這方面有經驗的人認為，存私房錢的最大作用在於未雨綢繆。私房錢的好處就在於個人可以完全自由利用，不用受到他人的約束，這也是它的最大優點。

第四，買一些便宜的東西。

社會中有這麼一種普遍的現象，有錢人通常習慣購買一些便宜的東西，但沒錢的人卻往往喜歡打腫臉充胖子。人們常說：「越是有錢的人越吝嗇。」比如，他們在餐廳點菜的時候，通常都是點最便宜的；反而是那些是手頭比較拮据的人，會因為不好意思顯現自己沒有錢而去點那些相對高價的菜。

由此不難看出，越是有錢的人，往往越注意使用廉價品，而沒有錢的人卻深怕使用廉價品會降低自己的身價，這其實就是自卑心理。

第五，直接說出對錢的要求。

在日常生活中，許多人非常想探率的說出自己應得的報酬，但是通常卻難以開口。為什麼有關金錢的事，人們會如此難以啟齒呢？原因就是擔心會在無意中傷害到自己：如果說的太低，則無異於貶低自己的身價；如果說得太多，則表現出對金錢斤斤計較。

日常生活中常常出現一些關於金錢的奇怪心態來影響著我們，所以我們一定要樹立正確的理財觀，改變心中這些不正確的想法，按照上述的五條原則來進行理財，這樣我們才能管好自己的錢，讓我們感覺到生活的幸福和富足。

【回溯歷史】

※ 中國最早的金幣

中國在夏、周時期就已經開始使用黃金了，但是最初黃金只是用來作為裝飾品或當作賞賜、饋贈品。在中國，黃金作為貨幣，應該以戰國時期楚國的郢爰金版為最早。

因為金版上的文字印記大部分為「郢爰」二字，故稱「郢爰金版」或「郢爰金餅」。這些印記像印章一樣，所以後人也稱它為「印子金」。

五招使你理財習慣化

人生最為重要的是什麼？是學識？是勤奮？是機會？是運氣？其實，人生最為重要的是選擇，我們做出一個正確的選擇，可能就會因此而改變我們的人生。

投資理財其實也就是這個道理，選擇一種適合自己的投資方式，也許你的生活會發生質的變化。「窮人無財可理，理財是富人的事情」這是很多人都有的迷思。但是理財並不是大富翁、企業家的專利，而是每個家庭、每個人都可以擁有的技巧和方法，而且越是貧窮，越要學會理財。

理財，就是對個人、家庭的財富進行有計畫和有系統的管理安排，簡而言之就是賺錢、花錢和省錢之間的學問。

現今的生活中，越來越多的人將注意力放在如何賺錢省錢上，如何提高收入，節省生活成本是他們關注的焦點，但是卻沒有在正確的使用錢上下功夫，或者是注意到了但卻沒有制訂適合自己的理財計畫並認真執行，所以，才會發現自己已經距離理想當中的生活狀態越來越遠。

俗話說：「細節決定成敗」，習慣就是由一些細節組成的，把理財當作一個習慣，才能真正得到自己的財富，其實生活的主動權就在我們平常的一些舉手之勞上。

將理財的思維貫徹到生活的各個細微之處，我們將在理財的道路上走得更加順利、也將走得更遠。

第一，一定要堅持記帳。

或許有的人對記帳嗤之以鼻，認為它浪費時間而且還沒有什麼用。其實大家有所不知，即使是魯迅這樣的大人物在百忙之中也要抽出時間堅持每天記帳。

記帳看起來是件很簡單的事情，但是我們必須明白記帳的好處和道理，然後才能堅持不懈地做下去。

很多人都會說：「記帳太麻煩了，雖然剛開始的時候都是雄心勃勃，但是隨著工作、學習的繁忙，每天還要去記那些瑣碎的開支，就是浪費時間了。」那麼，當你想到這是一種理財行為，可以增加財富的時候，你就會覺得記帳有意義了。記帳可以讓你清楚知道錢是怎麼來的，又花到了什麼地方去，我們可以拿著帳單對照、比較、清算，這是規範自己消費行為最有效的方法。

第二，少帶現金和零錢。

人的欲望是無限的，想要控制住自己的消費欲望，就需要我們在客觀上創造一些阻礙的條件，這些條件對我們的消費能夠起到積極的把關作用。

我們可以在錢包裡面放上一張五百元的鈔票和一張金融卡，再帶上一些零錢，這些零錢是可以用來坐公車的錢。因為人們對零錢的使用容易缺乏控制，往往不把百元以下的開支放在心上，造成每筆支出看起來雖然不大，但是無形之中卻增加了很多不必要的開支。

第三，養成計畫消費的習慣。

有計畫的消費可以幫助我們克服消費的衝動。我們可以在固定的時間內，制定一份消費計畫，然後堅定的執行，這就是實現理性消費的最佳方法。改掉沒有計畫亂花錢的壞習慣，對自己的每一筆開銷都做出規劃，並及時記錄開銷，這也有助於積累財富。

我們可以在每月初根據自身的情況，列出這個月的消費計畫，比如該買哪一些生活日用品等等，然後我們就要合理利用資金來實現自己的消費計畫，這樣下來我們就可以節省下很多不必要的開支。

第四，多關注理財知識。

理財不光是簡單的省錢，我們平時要多去關注一些理財知識，就和我們關注學習資訊一樣，這樣有利於增加管理財富的知識，隨著知識不斷更新同時也充實了自己的頭腦。若是時常更新理財的知識，我們就不容易受一些投資陷阱的蒙蔽。所以，不斷地學習理財知識是必要的，正所謂知識就是財富，理財知識可以讓我們的眼睛更雪亮，做出更好的理財決策。

第五，要避免過度刷卡消費。

「刷刷刷，人生更瀟灑！」現今社會，信用卡已經滿足了越來越多人的消費需求，雖然刷卡的時候感覺自己並沒有花費到當下的錢，但是殊不知這筆錢遲早都是要還的。所以，最好養成計畫購物的好習慣，謹慎使用自己的信用卡。

總之，把理財當作自己的一種生活習慣，不僅可以讓我們得到更多的財富，還能讓我們的生活朝著自己理想的方向順利前進。

【回溯歷史】

※ 中國最早統一流通的貨幣

秦始皇一統天下後，廢除了刀、布、貝及圜錢，對中國的貨幣制度進行了改革，並為此而頒布了法令。「以秦法同天下之法，以秦幣同天下之幣。」規定黃金為上幣，半兩錢為下幣。黃金用於大額支付或賞賜，而半兩錢則為日常流通貨幣。秦半兩「質如周錢，文曰半兩，重如其文」，是中國最早統一流通的貨幣。

正確理財四步驟

做任何事情都要有一定的步驟，理財也不例外，下面我們一起來看看正確的理財步驟。

第一步，樹立積極的理財態度和思維方式。

態度決定出路。我們首先必須明白理財不是一夜暴富，它是一個長期堅持的過程，需要時間和耐心。理財不在於手上有多少錢，而在於如何讓手中的錢獲得收益。理財也不是要我們省吃儉用，努力存錢，而是在保證了正常開支之餘，進行投資和儲蓄。理財就是要樹立一種「樂觀向上、著眼於未來」的消費態度和投資的思維方式。

第二步，確立適當的生活目標。

目標就是方向，我們擁有什麼樣的生活目標，將決定了我們將擁有什麼樣的生活。理財就是要樹立適當的生活目標，適當的生活目標會給我們帶來美滿的生活結果。

我們要想樹立適當的生活目標，首先要清楚自己想要的到底是什麼，目標一旦有了，就有了準確的前進方向，儲蓄或者投資也有了強大的動力。

第三步，把握理財的三環節。

理財的第一個環節就是積累資金；第二個環節就是如何「生錢」；第三個環節是如何守住得來不易的錢。

要積累資金，必須要養成量入為出的習慣，每個月不論收入多少，都要將其中的一部分存起來，不然，賺來的錢只會在你的錢包裡短暫停留，轉眼間就跑到別人的口袋裡去了。因為決定你財富多寡的不僅僅是收入，還有支出。積累資金要從年輕的時候開始，越早開始積累，收穫就越多。

「生錢」的辦法其實有很多，在學校裡，老師就告訴我們知識就是財富，我們可以透過提高自身的能力來獲得職業上的成功；當然也可以進行有效的投資以獲得可觀的收入。總之，我們要透過一切合法、合理的途徑，努力讓錢源源不斷的流入自己口袋裡。

守住財富並不是把錢存到銀行裡面就安全了，我們要遠離各種投資陷阱，不要被高報酬所迷惑；有機會的話還要選擇適合自己的保險，當發生意外的時候，保險會提供補償性的資金，幫我們渡過因為意外事故而造成的財務危機。

第四步，合理分配資金。

要想建立合理的理財方式，就應該合理的配置資金，既不要把雞蛋放在一個籃子裡，也不要把雞蛋到處亂放。

我們可以根據自己的情況，把自己的錢分作三部分。一部分是應急的錢，用於疾病或者失業；另一部分為保命錢，也就是三到五年的生活開支，這一部分的錢要保證做到只賺不賠；最後一部分就是風險投資的資金，我們可以用這筆錢用來追求較高的報酬率。

我們可以把應急的錢存到銀行裡；把保命錢投資在風險最低的定期存款、國債或者貨幣市場基金上面；而風險投資資金可以投放在風險高、報酬也相對較高的股票或者基金上。這樣的資金配置，相較於將資金全部放在高報酬的投資上面更加穩妥，也更持久。

明白了理財的步驟後，就可以按照自己的規劃，一步一腳印的展開理財行動。

【世界銀行家】

※　投入產出理論的創始人列昂季耶夫教授

瓦西里．列昂季耶夫於西元一九〇六年夏天生於聖彼得堡，一九二一年考入了列寧格勒大學攻讀哲學，也選修了一些經濟學的課程，一九二五年取得了學士學位，畢業後被校方留任為助教。

他於一九二七年來到馬克思的故鄉德國，進入柏林大學專攻經濟學。一九二八年，取得了柏林大學的博士學位。一九三〇年，他移居美國後，正式從事投入產出理論的研究。

【回溯歷史】

※ 中國最早的銀質方孔圓錢

一九五五年南京光華門外黃家營五號六朝墓出土銀五銖一枚，其形制為東漢五銖，也可能是六朝時仿製，應為中國至今所發現的最早的銀質方孔圓錢，可能是殉葬的冥幣。

克服不良理財心態

當今的理財市場一片榮景，投資理財的人也是越來越多，許多人學習和掌握投資獲利技巧的熱情也變得空前高漲，例如：如何去投資房地產或做生意，如何進行合理避稅，如何才能夠從股市裡面選出優秀股票等。但是人們卻忽視了一個比這些技巧更重要、更值得我們注意的問題，那麼就是一定要把握好一個自己的理財心態。心態不好，即使有再好的理財技巧，也會影響一個人的理財成功機率。

第一，理財過程中容易產生的不良心態。

（一）太貪心

有的人認為投資就是為了聚財，賺得越多越好，這樣的心態使得一些人對於堆積財富「如痴如醉」，結果反而是適得其反。假如買入一檔股票，對其收益率的預期值為百分之二十，當減去成本費用之後的收益達到此目標的時候，就應該果斷的將其拋售，但是很多貪心的理財人捨不得拋售，漲了還想再漲，結果往往錯失拋售的最佳時機而導致股票長期被套牢。有些人不惜為錢財鋌而走險，付出了健康、家庭、良知，甚至是生命的代價。

（二）過分自信或盲從專家

個人理財中另一個常見的不良心態是過於相信自己或盲目的相信專家。在實際理財中，有些人往往會根據自己有過的某些經驗或知道的一些有限的資訊自作主張。這些人大都相信自己能脫穎而出，結果卻一敗塗地。

與此相反，有的人過分相信專家，認為專家的建議總是對的，自己不需要對市場進行調查，從而導致投資失敗。

其實理財市場會受到種種因素的影響，專家們只能提供一些參考建議，不可能做到神機妙算，準確的預知市場的變化情況。另外，有些財務顧問、專家本身就有機構控盤手的背景，對其建議，個人更要三思而行。

(三) 關鍵時刻左右猶豫

還有些人在投資時，既想發財致富又怕擔風險；既怕錯過了機會，又怕風險太大，在關鍵時刻猶豫不決，結果往往是與良機擦肩而過，得不償失。

(四) 得意忘形

很多人都是這樣，在獲利後得意忘形。這些人開始時十分謹慎，操作上非常嚴謹，但隨著獲利增多，胃口越來越大，而變得自負，從而滋生貪婪、急躁、冒進的心態，忽略市場走勢，最終導致入不敷出，之前所賺的錢都打了水漂，甚至有的人還因此欠下了一大筆債務。

如果我們想積累財富，不僅應竭力避免以上幾種不良心態，還應樹立良好的理財心態。

第二，樹立良好的理財心態。

（一）學會自我控制

我們的日常開支具有極大的隨意性，自己不想煮飯，於是就去餐廳吃；面對商場裡琳琅滿目的商品，常常潛意識中產生難以控制的購物欲，結帳後滿載而歸，其購物之數量與金額遠遠超出了原先的計畫，我們消費時還常常陷入各種誤區。所以要想成功的理財，自我控制力是必不可少的，牢牢控制消費與支出，減輕財務壓力，才能減少缺錢時帶來的憂慮。

（二）保持一顆平常心

對於薪水不算太高的人來說，不要天天只是抱怨「老天不公」，應重視身邊的理財小事，保持一顆平常心，以有效避免個人理財過程中可能發生的風險。所以，最好自己列出必要的支出費用明細表，對消費做到心中有數。

（三）學會堅持

我們只有把投資理財看成是一種良好的習慣慢慢培養，不斷堅持，才能經得起變幻莫測的投資市場的考驗。

（四）不要急於求成

其實，仔細想想，我們周圍就有這樣一些人，尤其是那些稍微懂點理財知識而又不精通的人，他們往往對某種單一的理財工具有偏好，如股票、房地產等。他們喜歡將所有的資金都投入到這一個領域，孤注一擲。俗話說：「心急吃不了熱豆腐」。這些人期望依靠單一的的方式發大財，事實上比買彩卷中樂透還要困難。

有的投資人專做熱門的短期投資，今年或者近期流行什麼，他們就跟風似的把資金投了進去。這種投資，雖然在短期看起來很熱門，可能會取得較好的收益，但我們一定要明白，不要被眼前的「大好情況」給迷惑，這些投資的風險是很高的。而那些寧願冒高風險也不願意扎實從事較低風險的投資行為，是不可取的。要是投資人運氣好，可能會賺一大筆錢；但要是撞上了不好的時機，就會造成血本無歸，甚至傾家蕩產的悲劇。

其實，理財並不是投機，所以一口氣賺大錢的想法是要不得的。投資理財的道路上要是只想到今天或者明天該怎麼做是遠遠不夠的，我們要有一個長期的打算和策略，這才是理財的上上策。

【世界銀行家】

※ 前紐約聯邦儲備銀行行長保羅．沃克

保羅．沃克是世界上最具影響力的經濟思想家之一，被譽為一個正直的人，一個天生的領袖。沃克是一位從不謀求聚斂個人財富的罕見的金融巨人。

他早年在尼克森總統時代作為一位年輕的財政部官員嶄露頭角，在結束布列敦森林體系解體中發揮了領導作用；他擔任紐約聯邦儲備銀行行長；西元一九七九至一九八七年在卡特政府和雷根政府中擔任美國聯邦準備理事會主席職務；還擔任詹姆士．伍芬桑投資公司董事長，致力於公司治理和會計制度改革。

【回溯歷史】

※　中國最早的鐵錢錢幣

據史料記載，中國最早的鐵錢是西漢末年公孫述在四川成都稱帝時所鑄的鐵五銖，但已被否定。中國的湖南長沙、衡陽和陝西西安等地的西漢古墓中出土數量不少的鐵質半兩錢，僅長沙西漢古墓一次出土就達三十二枚，表面篆書「半兩」二字，方孔無郭或有郭，其形制、輕重與漢文帝時期的四銖半兩十分相近。因此可以說，這種西漢初期的鐵質半兩是中國最早的鐵錢。

「錢程」無憂五策略

大家都明白，錢將伴隨我們一生，我們做任何事情都不能避免和錢打交道。雖然說錢不是萬能的，但是沒有錢卻是萬萬不能的。我們一定要懂得怎麼樣賺錢，怎麼樣花錢，這樣我們的生活才能輕鬆、幸福。

今天，我們生活在一個經濟發展的時代，所以在很大程度上，我們一定要重視錢的作用，這麼說也不是讓你崇尚所謂的「拜金主義」，而是告訴大家金錢在很大程度上已經成為了衡量我們自己工作價值的一個標準。我們的前途雖然不是由金錢決定的，但是兩者卻是息息相關的，所以我們要像規劃自己前程一樣來規劃我們的錢。

第一，更新我們的觀念。

首先你需要把自己的觀念進行更新，你需要好好思考一下：「我的學習是為了什麼？」當然，這並不是說我們的學習不重要，而恰好相反，這裡正是強調了讀書的作用，讀書是我們對於自己未來最好的投資。可是最為關鍵的是，你要明白自己的目標是什麼，不要讀死書、死讀書。

當你考慮清楚自己的目標以後，你應該試著把「理財」這兩個字慢慢放進自己的頭腦中，因為我們知道自己的前程和錢息息相關。即使你是一個淡泊名利，追求理想的人，首先也要先讓自己得以生存。你只有從觀念上重視起來，才能理好財，理好人生。

第二，養成良好的習慣。

一個好的習慣是我們一生的財富，如果你在金錢方面能夠具有一些能力和好的習慣，將會影響到你的一生。你從現在開始就必須培養自己在金錢方面的能力和習慣，提高存錢、花錢、賺錢、借錢方面的能力，並開始學習理財知識，同時你還需要學著自己照顧和安排好自己的日常生活，有機會的話可以嘗試自己賺錢。

第三，打破貧困的想法。

富人和窮人的最大區別在於他們的思維方式不同。我們都知道，現在這個世界上的財富都是全體人類辛勤工作創造的，但是財富的所有權，卻僅被掌握在少部分的人手中。這個事實告訴我們，努力有的時候也需要思考，僅僅是一味的努力是不能使你富有的，而你想要變得富有，就必須學會思考。

第四，要對自己有個充分、深刻的瞭解。瞭解自己不是吹噓自己，不是藏拙顯能，更不是把自己裝扮成一個理想中的人，或是按照偶像的標準打造自己。人人都想成為巴菲特，可是這很顯然是不現實的。自己就是自己，雖然說自己目前可能有著很多缺點，但每個人總是有一些別人不具備的特長的。所以要把問題想得全面些、深刻些，不怕對自己進行最嚴格的分析，對自己的期望要有清晰而明確的認識，不能總是坐著這山卻望著那山高，這樣就會迷失方向。要了解自己有多少承受能力，是不是會對損失了幾千塊錢而耿耿於懷，難以入眠？這些，都要考慮清楚，有個充分的準備和應對措施。當然，理財也不能打腫臉充胖子，「明知山有虎，偏向虎山行」，不到黃河心不死，該停損就退出。留得青山在，不怕沒柴燒，捲土重來勝敗還未可知。理財，要堅決避免變成輸紅了眼的賭徒。

第五，要給自己想好後路。這包括兩個概念。一是「不要把雞蛋都放在一個籃子裡」。這是老生常談了，但這句話也有不同的理解，有人理解為要把資產分割成很多塊，股票、基金、債券、保險、房地產、收藏品等不同籃子都扔一顆蛋進去。其實這麼做是不現實的，這麼多的領域我們哪來那麼多精力都能關注到。其實「不要把雞蛋都放在一個籃子裡」這句話的意思是我們應該把自己的資產放在不同風險程度的理財管道裡。比如說：我們沒時間打理財產，但是我們對基金比較熟悉，那就可以選一個基金組合，把高低風險的基金做個配置，就可以達到穩定和增值的目標。雖然市場上升時你或許會羨慕有人大賺，但我們理財一定要穩重。因為當處於市場下跌的時候，這樣的做法就不會讓自己損失很多。這時，我們就可以慶幸自己的選擇了。第二個概念是要「留一手」。也就是把維持自己生活的那部分守好，理財堅決反對孤注一擲、破釜沉舟，因為理財不是你死我活，也沒有人會百戰百勝。收益高當然是可喜可賀，但是即便有所虧損，也不能讓這個虧損影響到自己的生活，這才是理財的真正意義。

當你擁有了賺錢的品格和習慣，再加上自己的努力，你的「錢程」才會真正的無憂無慮。

【世界銀行家】

※ 一九九五年諾貝爾經濟學獎獲獎者小勞勃．盧卡斯

一九三七年，盧卡斯生於華盛頓的亞奇馬。一九六三年，卡內基工學院（現在的卡內基—美隆大學）的工業管理研究院提供給盧卡斯一個教職。

盧卡斯是一九七〇年代以來最有影響力的經濟學家之一，他改變了此前由凱恩斯主義經濟學一統天下的宏觀經濟學理論的基礎，提出宏觀經濟模型應該具有微觀基礎。

他最為人熟知的是對理性預期含義的探索。他開發了有關經濟政策制度的「盧卡斯批判」，認為對於那些在一個經濟中表現出的關係，例如通貨膨脹和失業之間有很明顯的關係，會隨著經濟政策的變化而變化。

【回溯歷史】

※ 中國最早的鉛錢

中國官鑄流通鉛錢應以五代十國時期閩王王審知在後梁貞明二年（西元九一六年）所鑄鉛質開元通寶小平錢為最早，有光背、背「福」字及背「閩」字三種。背「殷」字及「建」字的目前所知僅有數枚。

第二章　合理利用金錢

四招讓你遠離金錢陷阱

理財的目的就是為了讓你能夠獲得越來越多的財富。無論你從事什麼樣的職業，經濟狀況如何，賺錢都不是一件非常容易的事情。可是在現實生活中，有一些善良的人們會成為騙子的「獵物」。俗話說得好，「害人之心不可有，防人之心不可無。」因此我們要注意以下幾點，嚴防自己掉進騙子的圈套，而讓自己的錢財受到不必要的損失。

第一，小心唱雙簧的騙術。

之所以說是「唱雙簧」，其實就是由兩個人相互配合著來完成。換句話說，一個人負責表演，另一個人則負責說。要想「雙簧」演得好，那麼這兩個人必須配合得好才可以。在生活當中的「雙簧」表演有很多，但是這些「雙簧」並不是讓人們取樂的，而是專門用來騙錢的。

在這些表演「唱雙簧」行騙的人中，有的騙子則是推銷假商品，有的是以兌換外幣為名義。他們選定了作案對象之後，其中一個人就會假扮外地人，而另外一個人則是扮演本地人，不是某個單位的負責人，就是什麼大公司的經理。他們巧立名目，虛構理由來引誘受害人上當。因此，我們在若是遇到陌生人以問路為由趁機搭訕，宣稱可以介紹在短時間內可以獲得暴利的生意，一定不要輕易相信，最好是別理會這些人，萬一不小心上當受騙之後，更應該選擇在第一時間報警。

第二，警惕名利雙收的誘惑。

現在的人越來越喜歡逛街了，走在路上，如果遇到有人走過來說你很上鏡，或者是說一些讚美你的話，你很有可能會覺得沾沾自喜，但是也不能夠因此掉以輕心。

以女生為例，有的時候在逛街的時候可能會遇見人說你很美，能夠當模特兒，可是當你真正走進所謂的模特兒經紀公司的時候，他們就會告訴你，很多大型廣告中的模特兒都是由他們提供的，然後就會遊說你參加他們的培訓班，說會把你包裝成為頂級的模特兒，到時候你就會名利雙收，可是在此之前，你可能要先付幾萬元學費、宣傳費、拍照費等等。

這都是一些騙人的伎倆，我們不能聽之任之，應及時報警處理。

第三，不要掉進中獎的陷阱。

我們可能會莫名其妙地收到陌生人打來的電話，告訴你你中獎了，說你可以得到旅遊的機會，之後就叫你參加旅遊講座，而且還說要送你精美的禮品。結果當你去參加講座的時候，你會發現，並沒有什麼獎品可以拿，反而會遇到更多的人來遊說你，說你可以參加世界各地免費的旅遊，只需要支付費用幾萬元。

而當你真正的付了錢去參加旅遊後，可能你才會發現，那些所謂的旅遊是根本不存在的。所以，我們為了避免受騙，千萬不要輕易相信中獎這樣的事情，天底下沒有免費的午餐，要避免掉進陷阱裡面無法脫身。

第四，敢於對借錢的人說「不」。

王超每個月收入有兩萬多元，每月支出也就一萬多元，可是卻常常入不敷出，沒有多餘的錢，這究竟是什麼原因呢？原來王超是一個十分熱心的人，她把自己的錢都借給了朋友，導致自己的生活變得很拮据。

因此，我們一定要記住，千萬不能夠隨便借錢給別人，更不能夠替別人做擔保。即使借錢給別人，也要想清楚、簽好借條，切忌因為一時耳根子軟，讓自己成為別人的「搖錢樹」。

【世界銀行家】

※ 美國經濟學家喬治．阿瑟．阿克洛夫

喬治．阿瑟．阿克洛夫於西元一九四〇年出生於美國的康乃狄克州的紐哈芬。一九六六年畢業於麻省理工學院，獲得博士學位，自一九八〇年到現在，一直在柏克萊加州大學任經濟學教授。

他的研究領域包括宏觀經濟學、貧困問題、家庭問題、犯罪、歧視、貨幣政策和德國統一問題。

喬治．阿瑟．阿克洛夫與麥可．史彭斯、約瑟夫．史迪格里茲一起獲得了二〇〇一年諾貝爾經濟學獎。阿克洛夫是新凱恩斯主義的主要代表，也是當代主流經濟學最傑出的代表之一。

【回溯歷史】

※ 中國最早使用錯金工藝的錢幣

王莽在居攝二年（西元七年）開始了第一次貨幣制度的改革，除了原有的五銖錢繼續沿用之外，又發行了三種新的貨幣，也就是大泉五十、契刀五百、一刀平五千。

一刀平五千是中國最早使用，而且也是唯一用錯金工藝製成的錢幣。

買書省錢四法

作為一個學生，買書的錢可以說是占據了你零用錢的很大一部分。但是書是學習的工具，我們不能不買，更何況這也是一種很好的智力投資。但如果我們能在買書上面動一動腦筋，應該可以節省下來一筆小小的財富，至少可以讓自己多買幾本書呢。那我們要如何才能在享受到知識帶給自己快樂的同時，又盡量在買書上面減少開支呢？下面教大家幾招。

第一，上網去買書。

網路購書現在已經成為了買書的一種重要的方式，它有兩個優勢：一是常常會有很大的折扣；二是找書也很方便。這裡給大家推薦幾個比較有名的圖書網站：博客來和誠品網路書店。

博客來是目前臺灣最知名的圖書交易書城。它最大的好處就是只要填個郵箱註冊帳號就能直接購買，而且不斷的會推出很優惠的購書折扣及免運費方案。上網買書是最非常便捷省時的方式，所以大家不妨試一試。

第二，去大賣場買書。

不知道你在大賣場買過報刊或者是書籍嗎？賣場買書可能正在悄悄地改變著我們的購書方式以及買書的習慣，人們會漸漸覺得在賣場買書是再自然不過的事情。

買書，最早的時候大家是去書店，但是每個城市裡有名的大書店並不是很多，而且四散分布，要一家一家的去逛很費時，如果我們真的去了，也會發現書不是那麼好找。

其實，如果我們僅僅只是想買一些熱門的書籍，完全沒有必要占用自己太多時間與心力。只要我們稍微留心就能夠發現，在大城市的很多大型賣場當中都設有書籍專櫃，而且賣的書籍也應該一應俱全，除了方便之外，大賣場還有很多便宜誘人的地方，比如說打折，贈品等。

第三，去書店「抄書」。

如今你去書店，會發現很多人都旁若無人的坐在樓梯台階上，頭也不抬的讀著手中的書，而更讓你覺得驚訝的是，其中有的人甚至還在「埋頭苦抄」。

的確，如果你在書店的書籍中發現有自己需要的資料，或者覺得某些書看過之後就可以不再看了，那麼「抄書」則是一個不錯的選擇。

特別是現在，隨著圖書出版業的迅速發展，新書也越來越多，如果本本都買，在經濟上是很難跟上的，對生活也是一個不小的浪費，所以我們經常去書店看看書、抄抄書也是一個值得提倡的方法。

第四，網路購買電子書並下載。

說起從網路購買、租賃並下載電子書，很多人都認為這是最快捷、最經濟的讀書方式。現在能夠提供數位圖書下載的網站也越來越多了。如果我們家中有電腦，可以把網上提供的圖書電子檔下載到自己的電腦中，一邊聽著音樂，一邊津津有味的看書，這也是一種生活的享受。

【世界銀行家】

※ 奧地利經濟學派的院長路德維希·馮·米塞斯

路德維希·馮·米塞斯，知名的經濟學家，現代自由意志主義運動的主要領導人，也是古典自由主義第一把交椅。他的理論也影響了之後的經濟學家如佛烈德利赫·海耶克、穆瑞·羅斯巴德等人。

在一九〇四年至一九一四年間，米塞斯參加了奧地利經濟學派學者歐根·博姆－巴維克的授課。米塞斯本人則在一九一三年至一九三四年之間於維也納大學授課，同時他也擔任了奧地利政府的經濟顧問。米塞斯在一九七三年於紐約市去世，享年九十二歲。

【回溯歷史】

※ 泰國國王權力象徵的「撲當」

泰國的古硬幣不僅僅具有獨特的外形和千變萬化的圖案，而且它還有一個奇特的名稱叫做「撲當」。

泰國撲當是用有色金屬製成的，以金屬的重量來確定價值。它的形狀異常小巧，而且是純手工製作，透過敲打純銀塊的兩頭，讓兩邊捲曲，形成了圓形如螃蟹，然後在硬幣上烙上國印和當朝國王的印章。由於泰國的撲當外形酷似舊時火藥槍用的砂石子彈和螃蟹，所以它又被稱為是「子彈幣」或者是「螃蟹幣」。

挪用早餐費不可取

我們一定要明白，理財是為了讓自己形成良好的習慣。所存下來的錢，是為了實現我們的夢想。如果我們違背了這個初衷，盲目的省錢，那麼反而會起到反作用。但是不幸的是，即使很多人都知道盲目省錢是個錯誤存錢法，可是不良的習慣依舊很普遍，特別在中小學生中。

有這麼一個新聞：一位記者在屏東的一所國中調查發現，一個四十多人的班級竟然有十多個學生都患有胃病，其中大多數都是由於不吃早餐或者不好好吃早餐所引起的。而記者問起這些同學為什麼不吃早餐的原因，基本上都是因為沒有時間和為了省錢。

也許很多人看到這則新聞時會暗自會心一笑，因為這樣的事我們早都見怪不怪了，也許你自己也已經無數次的做過這件事了。對於學生來說，早餐錢可能是每天最大的零用錢來源。因為目前現在絕大多數的家庭都是雙薪家庭，由於工作比較繁忙，再加上孩子的上學時間都比較早，父母往往對孩子的早餐無暇顧及，在多數情況下就是給很多的早餐錢，讓孩子自己在外面解決。

父母可能會有些內疚，不能親自為孩子做早餐，可是孩子可能會為此而感到沾沾自喜，自己一下子有了這麼一大筆錢，不吃早餐或者少吃早餐，只要把錢省下來就可以自由運用了。

其實我們應該明白，健康才是無價的。無論是體力工作者還是腦力工作者，都應該把健康看成是一個最有價值的財產。沒有健康，生活就不會有樂趣；沒有生命，所有的奮鬥都是一句空話。

更何況現在的醫藥費很貴，沒有什麼比不生病更省錢了。也許你會認為自己現在還年輕，感覺不到失去健康帶給自己的危機感，但是這卻並不表示這種隱患不存在。

而且在人的一日三餐中，早餐是最為重要的。無論你省錢有多少個理由，都不應該拿早餐錢來「節省」。

俗話說：「一年之計在於春，一日之計在於晨。」對於我們來說，早餐更應該是一日三餐中最重要的營養來源。如果我們能夠好好的吃早餐，就能保證一天都有充沛的精力去迎接新一天的學習和活動。相反，如果不好好吃早餐會對你的身心造成不可彌補的損害。

學習階段是我們長知識、長身體的階段，也是增強體質最重要、最有利的時期，更是行為習慣、生活方式養成的關鍵時期。

儘管靠不吃早餐或者隨便吃早餐來省錢是不可取的，但是我們還是有一些別的辦法來省錢。如果爸爸媽媽有做早餐的習慣，你可以準備一個保溫的便當盒，請他們準備一份早餐自己帶到學校吃，這樣既方便又衛生。如果你喜歡吃麵包，也可以在家附近買一份帶到學校，這樣也是一個好的辦法。

總之，早餐是很重要的，省下早餐錢，看似是在省錢，其實是一種最嚴重的浪費。因為你所省下來的只是現在的一點點錢，浪費的卻是自己未來的一大筆健康的寶貴財富。

【世界銀行家】

※　甘迺迪總統的經濟顧問肯尼斯．約瑟夫．阿羅

肯尼斯．約瑟夫．阿羅於西元一九二一年八月二三日出生於美國紐約。阿羅在紐約市立大學經過四年的學習，於一九四〇年獲得了數學學士學位。一九四一年，獲得了碩士學位的阿羅繼續攻讀博士學位。一九四六年，阿羅退伍後，又重新投身於經濟學的研究中。

阿羅於一九五一年出版了《社會選擇與個人價值》一書，在此書中，他提出了「阿羅悖論」。若排除人際效用的可比性，而且在一個相當廣的範圍內對任何個人偏好排序集合都有定義，那麼把個人偏好總合為社會偏好的最理想的方法，要麼是強加的，要麼是獨裁的。不可能存在一種社會選擇機制，使個人偏好透過多數票規則轉換為成社會偏好。阿羅的「阿羅悖論」在西方經濟學界引起了長期的辯論，而且逐漸建立了獨樹一幟的地位。一九七二年阿羅獲得諾貝爾經濟學獎，時年五十一歲，在當時是最年輕的諾貝爾經濟學獎得主

【回溯歷史】

※　康熙六十大壽特鑄的錢幣

羅漢錢是康熙六十大壽特鑄的錢幣它的意義不在於在經濟活動中的流通使用，而更像是宮廷貴族發行的紀念幣。羅漢錢就相當於這種紀念幣，只不過它是封建帝王為自己壽辰所特鑄，體現了封建王朝皇權的至高無上。

八招讓你合理支配壓歲錢

隨著現今生活水準的提高，每年過年，孩子們收到的壓歲錢也越來越多，但有的學生不懂得合理用錢，將這些壓歲錢都用於買玩具、打遊戲、買零食等不好的方面。對於現在的孩子來說壓歲錢來得太容易了，所以花起錢來便無所顧忌、隨意揮霍。不少的人在春節能收到幾千元的壓歲錢，但是寒假還沒有結束，就被他們揮霍得所剩無幾了。

我們來看看下面這個例子：

春節剛剛過完，一天中午，幾個國中生去了肯德基速食店。到了這家店一看，顧客還真不少，大多數都是中小學生。他們津津有味得品嚐著這些誘人的美食，興奮的議論著各自的飲食喜好，個個都是一副很滿足的樣子……在這家肯德基店裡面，有三個十三歲的女孩點了超過五百元的漢堡雞翅等食品。在結帳的時候，一位女孩從口袋當中拿出了兩張嶄新的千元大鈔來付款。而這樣的闊綽讓當時在場的一位老人家發出感嘆：「現在的小孩子太會花錢了，花千元鈔票眼睛都不眨一下。」

在另外一家電腦公司裡面，有四個國中生正在選購一款遊戲機，這款遊戲機價格高達五千多元。而根據該店的一位員工所說，從正月初四開始，來買遊戲機的幾乎都是國中生，而且，他們買的都是比較高階的遊戲機。他們也根本不殺價，標價多少他們就給多少。

而且正是由於這個情況，現在的很多孩子之間都學會了「鬥富」，相互攀比之風日益興盛，這些現象都在提醒我們，壓歲錢其實是暗藏著隱患的。如果處理不當的話，將帶給我們一系列的問題。

那我們怎麼樣才能使用好壓歲錢呢？不少專家都指出，除了將壓歲錢作為下學期學費的傳統做法外，隨著經濟的發展和觀念的更新，還有很多好的使用方法。

第一，設立一個銀行帳戶。

我們可以去銀行辦理一個帳戶，讓孩子懂得聚沙成塔的道理，每一年都把自己的壓歲錢存入這個帳戶中，到需要用的時候再進行提取。這樣既可以避免孩子把壓歲錢在春節裡就花完，又可以養成存錢的好習慣。

第二，可以讓家長幫忙建立儲蓄基金。

現在的各大銀行都推出各種令人目不暇接的儲蓄業務，相信這不需要花費多少的力氣就能找到。有些人認為辦理教育儲蓄手續複雜，而且優勢不太明顯，所以寧願選擇普通的定期存款形式。

有一位在銀行工作的王先生打算讓自己的女兒將來出國深造，所以他從女兒五歲開始，就幫助女兒把每年的壓歲錢定期存到帳戶中，平均每年都能存兩萬五千元，這樣下來女兒出國就有了一定的資金準備。

第三，積極辦理保險。

現在我們可以辦理的保險很多，比如終身幸福保險、醫療保險等等，這樣就能夠解除部分健康成長和升學的後顧之憂。其具體做法是：可以把壓歲錢分成十二等分，每月拿出一些錢讓父母幫忙交保險費，這樣到了十八歲的時候，就可以得到一筆高於原來投保金額的錢。這筆錢可以用來作為將來繼續深造的資金，而且孩子也能夠從小就接觸理財，鍛鍊理財的能力。

第四，建立一個記帳本。

有的人的壓歲錢可能金額很大，所以我們可以用記帳本將壓歲錢的金額記清楚，用於我們下半年學習上的費用支出。要從小學習把自己的錢管理清楚，把每一筆支出費用都記錄清楚，比如學費、購書費、購買學習用具的費用等等，這樣既能夠養成管理錢、會花錢、把錢用在學習上的好習慣，同時也培養了我們的自立意識。

第五，交學費。

這種方式既可以減輕家長的經濟負擔，也能夠培養孩子的自立精神和家庭的責任感。

第六，訂購學習書籍。

用自己壓歲錢中的一少部分來訂購學習的書籍、用具等，這樣既可以開拓眼界，增長知識，又養成了愛讀書的好習慣。

第七，向長輩表示孝心。

壓歲錢是長輩們給的，這是向晚輩表達的一種祝福。反過來，晚輩也可以拿出一點壓歲錢，買點長輩們喜歡的小禮物，送給他們，從而表達晚輩的孝心。

第八，獻一份愛心。

雖然我們現在生活這麼幸福，可是這世界上一定還有很多地方的人們生活很艱辛，我們一定要懂得奉獻愛心，幫助失學兒童上學，捐獻我們的一份愛心。

【世界銀行家】

※ 前國際博弈論學會首任主席羅伯特．約翰．奧曼

羅伯特．約翰．奧曼於西元一九三〇年生於德國（美因河邊的）法蘭克福。一九三八年因逃避納粹迫害，舉家遷徙到美國紐約。一九五〇年獲得紐約城市學院數學學士。一九五五年獲得麻省理工學院純數學博士學位。一九五六年至今任職耶路撒冷希伯來大學當教授。

他是美國科學院院士，美國藝術與科學學院外籍院士，以色列科學與社科院院士，英國社科院通訊院士，國際計量經濟學會會士。曾擔任以色列數學學會主席，國際博弈論學會首任主席。

【回溯歷史】

※ 中國使用時間最短的錢幣

清慈禧太后發動「辛酉政變」後採納大學士周祖培奏議，廢止「祺祥」年號，停鑄「祺祥」錢，改用「同治」年號，並鑄「同治」錢幣。「祺祥」年號是在咸豐十一年七月二十六日確定的，但到當年十月五日即被廢除，僅僅存在六九天，「祺祥錢」可說是中國使用時間最短的錢幣。

兩招讓你節制零食

喜歡吃可口的零食是人類的天性。冰棒、油炸食品、果凍、巧克力、優酪乳等等，這些五花八門的零食，常常令我們垂涎三尺。很多人對於零食都是來者不拒，有多少就吃多少。

不可否認，人類的生長發育需要多種營養。特別是在天然食品當中，營養素的含量是非常豐富的，只要我們進行合理的搭配，那麼基本上就可以滿足我們的營養需求。

但是零食呢？它所提供的能量和營養素都比較單一，不能夠滿足孩子生長發育的正常需要。而且還特別需要注意的是，如果對過度偏愛吃零食，經常會導致正常的食欲下降，這也就會直接影響到我們的攝取足夠均衡的營養。而且從市場的調查情況可以看出，許多零食都添加了色素、調味品和防腐劑，長期食用會對自身健康造成負面的影響。所以，我們一定要對零食加以節制。

下面可以看看這個小案例：

明敏從小就是小胖子，因為他特別喜歡吃零食。現在，明敏已經是小學五年級的學生了，還是整天零食不離口。面對明敏已經明顯超重的體重，他的父母很著急。

可是最近這段時間，明敏總說肚子不舒服，媽媽起初也沒有太在意。但是到了一個週末，明敏突然又開始肚子疼了，疼得他呲牙咧嘴，滿頭大汗，媽媽嚇壞了，帶著明敏趕緊去醫院做檢查。經過胃鏡和放射線檢查，醫生說是患了十二指腸潰瘍。

明敏媽媽很不能理解，這麼小的孩子怎麼會得這樣的病呢？醫生說，這幾年像明敏這樣的病例並不罕見，他們大多數是由於吃零食、挑食、偏食等不良習慣造成的。而且長期下去，一日三餐不能定時定量，餓的時候猛吃奶油蛋糕、冰淇淋等零食，最終導致了胃病的發生。

所以我們一定不能沒有節制的吃零食，要給自己制定一個節制零食的計畫。首先，我們要從減少自己的零用錢用於零食的部分開始實行，要有意識的少買零食，把剩下來的零用錢存起來，這樣一年下來，也能省下一筆不小的財富，而且也能改掉總喜歡吃零食的壞習慣。

如果你和明敏一樣特別喜歡吃零食，那麼我們可以試試以下的辦法：

第一，我們要做到自制，從小就養成定時、定量飲食的習慣。

第二，我們想吃零食不是不可以，但是一定做到按照零食計畫適可而止。

【世界銀行家】

※ 美國經濟學家羅傑．梅爾森

西元二〇〇七年，現任美國芝加哥大學經濟系教授羅傑．梅爾森與兩位美國經濟學家里奧尼德．赫維克茲、埃克里．馬斯金因「機制設計理論」而獲得諾貝爾經濟學獎。

他的主要著作包括：《博弈論：衝突分析》、《經濟決策的概率模型》和《選舉制度的理論性比較》等。

【回溯歷史】

※ 中國最早的年號錢

中國帝王使用的年號最早開始於西漢武帝，但是在歷史上，最早的年號錢卻是十六國時李壽所鑄的漢興錢。李壽是西晉末年起義軍首領李特的侄子，於東晉咸康四年（西元三三八年）在成都稱帝，改國號為漢，以漢興為年號，鑄行漢興錢。

丟棄五個不良花錢習慣

俗話說：「習慣成自然」，如果你身邊的某些人花錢如流水，我們就會說他養成了花錢大手大腳的習慣，可見習慣對於省錢、花錢的影響很大。一些在我們看來沒有什麼大不了的習慣，其實是我們存錢以及變得富裕的勁敵，現在就讓我們跟這些壞習慣說再見吧。

不良習慣一：做第一個吃螃蟹的人很偉大。

隨著人們生活水準的提高，可供人們享受的物質也越來越豐富，就拿現在更新換代最快的電子產品來說，這些東西就像手機一樣，很快就會推出新的產品，無論從功能還是樣式都很吸引人們的眼球。但其實這類東西基本功能通常不會有太大的改變，只要夠用就可以了，沒有必要看到某些人買了一款新的蘋果手機就蠢蠢欲動，甚至想要搶先預購下一代的更新款的手機。

請大家一定要記住，做第一個吃螃蟹的人是要付出代價的，而且經常會得不償失。

不良習慣二：追求時髦。

買衣服的時候最容易讓人產生追求時髦的念頭，因為我們都喜歡被別人誇獎。為了抓住我們這樣的心理，現在服裝店的店員，最喜歡用的一個詞就是「時尚」。只要是新款的衣服，只要你去試穿，他們就會說穿在你的身上很適合、很時尚。於是，你為了所謂的「時尚」，就會毫不猶豫打開自己的錢包。

可是你有沒有想過，那些時髦的衣服其實都是有時間限制的，不過是各領風騷個幾個月罷了。

不良習慣三：買很多廉價但沒有急需的東西。

其實，所謂的便宜是相對於它們的原價而言的，也許它們看起來真的很便宜，但是你確定你真的需要它們嗎？大多數的時候我們的答案都是「不」，現在既然我們知道貪便宜這是一種壞習慣了，就要去克服。

自己可以進行心理暗示，類似打折優惠其實每段時間都會有的，因為那只是商家用來促銷的一種手段，你完全不用著急去把你認為以後可能用得著的東西都買下來，因為買完之後，下次再有折扣你可能就會覺得後悔了，而且你有時會驚奇的發現這些東西可能又更便宜了。

不良習慣四：為了面子花大錢。

這一點比較是針對男生來說，現在我們經常會和女生一起出去遊玩或者聚會，你可能會開口閉口就是請吃飯，也許你認為這樣作為一個男生會很酷很有面子。但其實也不盡然，建議你不如把錢省下來買些大家感興趣的課外書籍，找機會進行交流，這樣可能更有助於大家之間友誼的培養和學習的進步。

不良習慣五：自己不當小氣鬼。

每當自己過生日的時候我們常常都會請同學、朋友吃飯。很多人在乎吃飯吃什麼？去哪裡吃？其實大家在一起無非是為了圖個開心，如果他們真的把你當成朋友，是不會介意吃什麼和吃飯的地點的。

這和朋友過生日你送他們禮物的道理一樣。禮物並非越貴重越好，最重要的是要看它的意義。很多時候，一本懷舊版的日記，一張大家在一起玩樂的照片會比一束百合花更具有無價的意義。

【世界銀行家】

※ 總統經濟顧問委員會主席班．柏南奇

班．柏南奇於一九五三年十二月十三日出生於美國喬治亞州的奧古斯塔。一九七五年，柏南奇在哈佛大學獲得經濟學最優等成績，並於一九七九年在麻省理工學院獲得博士學位。

二〇〇二年班．柏南奇博士被美國總統小布希任命為美聯儲理事。二〇〇五年六月，擔任美國總統經濟顧問委員會主席。同年十月被任命為下任美國聯邦準備理事會主席，接替格林斯潘。二〇〇九年，因為在帶領美國渡過大蕭條以來最惡劣的經濟危機中的突出表現，被《時代雜誌》評選為「年度風雲人物」。

【回溯歷史】

※　中國最早的國號年號並鑄錢

西元四一九年，大夏國國王赫連勃勃還都統萬（今陝西靖邊白城子），改元真興並鑄「大夏真興」錢。「大夏真興」錢則是中國最早的一枚國號、年號並鑄在一起的錢幣。

學會控制消費支出

「會賺錢，更要會理財」這已經逐漸成為了現代人們的普遍觀念，而合理的理財計畫則可以讓你避免成為「月光族」、「負翁」。如何巧妙理財以實現消費慾望和金錢使用之間的微妙平衡，這已經成為了許多人非常關注的時事話題。根據有關專家的提醒，理財應該掌握以下幾方面的技巧：

第一，減少衝動型的消費。

現今，很多人因為工作壓力大，或者是情緒低落，為了減壓而導致衝動消費、盲目購買，成為了購物狂。所以，我們要學會減壓，穩定自己的情緒，這才是節約的治本之道。其實，除了購物之外，爬山、打球、看書這也是緩解壓力的有效方法。

除此之外，最好不要以逛街作為自己的休閒活動。現在大多數人都是以逛街為興趣愛好，這樣將會導致許多無謂的消費，而聰明的人則應該在真正需要購物的時候再去逛街。如果你真的非常喜歡逛街，那麼就要限制自己只是在週末，或者是每月的某一天才可以購物，而其他的日子只可以看，千萬不可以買。如果你沒有足夠的定力，那麼還是少逛街為妙。

第二，不花「未來的錢」。

我們應該嚴格要求自己這個月的花費最好不要超過上個月的，要求自己能夠養成控制支出的習慣。花費你已經賺到的錢，而不是花費將要賺到的錢，也就是避免「先使用未來的錢」，避免用信用卡、分期付款的方式來進行消費，最好是只用本月開支預算當中的錢，甚至是少於預算的錢。如果使用信用卡，每個月一定要付清信用卡帳款，絕對不能夠拖欠。

第三，盡量少使用信用卡。

購物的時候如果現金不夠，也最好少使用信用卡。如果已經累積了一筆信用卡債務，實在沒有能力一次性付清，那麼，也應該支付比最低需付款金額多一點的金額，甚至一個月比一個月付得多，因為只有這樣才能不只還息，而且還能還本，除此之外還要嚴格限制自己在清還所有欠款之後，才可以再用信用卡消費，這也是我們省錢最好的辦法。

最好不要擁有兩張，甚至是兩張以上的信用卡，以免因為不同的信用卡、有許多不同的還款時間而忘記了還款，或者是弄亂了支出預算。如果我們現在已經有了幾張信用卡，那麼今天起就把多餘的信用卡取消，只留下常用的即可。

劉小姐今年二十三歲，是一家外貿公司的銷售人員，月收入三萬元。收入可以說並不低，但是支出也很多。在一年前，她在市中心購買了一間小套房，首付一百萬元，貸款三百萬元，月還款九千多元。劉小姐經常光顧百貨公司，一次性購買近萬元的衣服更是家常便飯，此外劉小姐還是酒吧的常客，每週至少去酒吧兩次。就在前不久，劉小姐辦了四張信用卡，兩個月就已經刷掉了五萬元。而為了能夠按時還款，劉小姐可謂是費盡了心思。

造成劉小姐現如今困境的主要原因就是消費過度，沒有形成一種良好的消費習慣。擺脫困境的重點就是控制好支出，減少衝動型的消費，養成理性的消費習慣。

假如我們不想重蹈劉小姐的覆轍，想要讓自己的消費與金錢之間達到一個所謂的完美的平衡，那麼就應該從以下幾點：

首先，制定開支預算，記好流水帳。

我們應該每月都做個支出預算，這樣的話，花錢也就有了節制。我們要養成記帳的習慣，對於自己實際花出去的每一筆錢都要做個記錄，盡量少上街，想買東西的時候先在家列張清單，把想買的東西都寫上，然後看看是否真的都需要買，是否都實用，不是急需的我們就可以選擇暫時不買。當然，對於那些不實用的就沒有必要買了。

其次，一定要養成強制儲蓄的習慣。把每個月收入當中的一部分強制儲蓄下來，逐漸養成習慣。這樣一方面可以控制開支，而另一方面則可以為自己累積資產，為今後的投資計畫準備好資金。

最後，控制信用卡的使用。信用卡雖然能夠讓我們預先消費，可以用明天的錢來過今天的生活，但是刷卡消費卻讓大家對「花錢」沒有太實際的感覺，這樣就很容易造成消費的過度，給我們帶來還款壓力，還可能會被銀行收取高額的逾期利息所困擾。

【世界銀行家】

※「不肖子定理」的發現者蓋瑞．貝克

蓋瑞．貝克生於美國賓西法尼亞州的波茨維爾地區。一九五一年得到普林斯頓大學碩士學位，一九五五年獲得芝加哥大學博士學位，博士論文題目為《種族歧視的經濟學》。一九五七至一九六八年任教於哥倫比亞大學，後返回母校芝加哥大學執教。一九六七年獲得美國經濟學學會的「克拉克獎章」。成為一九九二年的諾貝爾經濟學獎得主。他同時是「胡佛戰爭、革命與和平研究所」跟「美國國家經濟調查局」的成員。二〇〇七年獲得美國總統自由勳章。

【回溯歷史】

※中國最早背鑄紀年的錢幣

中國錢幣從南宋孝宗淳熙七年（西元一一八〇年）開始，就在錢幣背面加鑄年份，比如淳照七年的錢在背面鑄一個「柒」字，八年的錢在錢背鑄上「捌」字，而且都是大寫。從淳熙九年之後就改為小寫。這種作法一直延續到了南宋末年。所以說，淳熙元寶是中國最早背鑄紀年的錢幣。

借錢需要注意的五個問題

我們說起理財，就不得不說說借錢的問題。大家在日常生活中肯定也遇到過這樣的問題：好朋友向你借錢，你是借還是不借呢？如果借的話，以後他可能會不還，或者說是歸還的日期是一個未知數；可是不借吧，好像又有點不好意思，畢竟都是朋友。借錢與否有時候還真是一件讓人頭疼的事情。

今天我們就來瞭解一些與借錢有關的小知識，讓大家對借錢有一個新的看法。

下面大家先來看一則小故事：

家明的一個好朋友向他借錢，可是他這個好朋友總是借錢不還，不過他平時對待家明實在是還不錯，家明最後想了想，就把錢借給了這個好朋友如虹。

過了一週，如虹又向家明借錢。如虹這個人什麼都好，就是記性太差了。上回小明借給如虹兩百元，如虹說第二天就還給家明，可是最後她居然忘記了。家明也不好意思找如虹要，再說了，如果貿然去要的話也會讓如虹覺得很沒面子。家明有時自己安慰自己，想著如虹應該明天就會想起來了。可是過了很長時間，她都沒有想起來，慢慢的家明也就把這事忘記了。即使有時候會突然想起來，也因為過了這麼長時間就更不好意思討要了。

其實關於借錢這個問題，在學生當中是很普遍的，因為年紀都還沒有成熟，會特別看重朋友義氣、愛面子，一般情況下，如果好朋友來借錢，就可能出於兩人之間的友誼，或者出於無奈，能借就借。

在絕大多數的情況下，好朋友找我們借十元、五十元也沒有什麼大不了的，這種想法我們要堅決改正。正所謂「小事不精，大事糊塗」，如果你連好朋友借了你的幾十元都不介意，或者沒有追討的能力，那麼將來如果你的朋友找你借幾百元、上千元的時候，你又怎麼會懂得如何開口追討屬於自己的錢呢？

那麼是不是我們就不借給朋友錢了呢？當然不是，因為任何人都會遇到困難，你也可能會有遇到困難需要別人幫忙的一天，所以能幫別人的時候就要積極的幫助別人，錢還是要借給別人的，只不過我們要遵循一些原則：

第一，弄清朋友借錢的目的。

一般情況下朋友找你借錢無非就兩個目的，資金周轉不靈、應付不時之需。如果朋友對他找你借錢的用途說明的含糊不清的話，你就應該盡量避免借給他。

第二，借給有良好信譽的人。

我們一般借錢都是借給那些自己特別熟悉或者關係特別好的人。如果是不熟悉的人，最好還是不要借了，而且對於不熟悉人，我們拒絕起來也比較容易。如果你是一個喜歡幫助別人的人，而且對方確實也急需使用這筆錢，人品也信得過的話，你可以考慮借給他，這樣不僅幫助了他，還可能交到一個好朋友。

第三，要有自己的主見。

我們要敢於對別人說「不」，如果不想借錢給別人，就直接拒絕，不要吞吞吐吐，那樣反而會讓別人覺得不舒服。

第四，衡量自己的資金。

當朋友找我們借錢的時候，我們要衡量看看自己的資金情況，再考慮一下自己的消費計畫，如果自己馬上就要入不敷出了，或者已經是勉強度日，就不要「打腫臉充胖子」了。

第五，大額借款寫借條。

我們要明白，借條是保障你財富的唯一憑證，對於大額金額我們一定不要相信朋友的口頭承諾，萬一你看人看走了眼，可能就因此損失掉了一大筆錢。當然，對於那些小金額的借款，我們就沒有必要這樣了。

我們只要在借錢的時候把握好這幾點原則，相信一定能夠避免因為借錢而帶來的損失。

【世界銀行家】

※ 二○○○年諾貝爾經濟學獎獲得者丹尼爾．麥可法登

丹尼爾．麥可法登，美國計量經濟學家，於西元一九三七年生於美國北卡羅萊納州的羅里，在明尼蘇達大學物理系獲得學士學位後改念經濟，一九六二年於同校獲得博士學位。與詹姆士．赫克曼一起獲得二○○○年諾貝爾經濟學獎。麥可法登一九七七年到一九九一年曾任麻省理工學院和柏克利加州大學任經濟學教授，在伯克利退休後又擔任南加州大學經濟學教授。

【回溯歷史】

※ 中國最珍貴的佛寺供養錢

山西五台山這是中國四大佛教名山之一，而且還是舉世聞名的佛教聖地。一九八八年春天修建佛塔的時候曾經挖出一批「淳化元寶」佛像金錢，黃金質地，成色在百分之九十以上。錢的直徑二點四公分，厚○點一二公分，穿徑○點五公分，每枚重約十二克。而且，正面的錢文行書「淳化元寶」四字，背面鑄有左立、右坐兩尊佛像。

第三章　學會合理儲蓄

四招讓存款利息最大化

對於大多數人來說，每個人每月所賺的薪資都是有限的，卻又面臨著醫療、教育、住房這三座大山的壓力。為了存一些積蓄，以備不時之需，很多人選擇了最穩當的理財方式——儲蓄。儲蓄，看似很簡單，但是大家真的會存款嗎？怎麼存錢利息最多呢？怎麼存款提供的流動性最大？不要以為在銀行儲蓄很容易，其實裡面有很大的技巧。我們只要靈活運用儲蓄的種類和銀行推出的附加功能，選擇的存款專案不同，所得收益也不一樣，我們可以相互比較，找到最適合自己的，以達到使自己的存款利息最大化。

此外，對於不同的人來說，有各自不同的儲蓄方法。

第一，剛進入職場的人：儲蓄對於剛進入職場的人來說是資產的「孵化器」。每月發薪水後，除了要留足計畫內開支費用外，其他部分存成定期存款，一年後也是一筆可觀的小資產。由於年輕人總是不願意頻繁的去銀行存款，因此就藉助網路銀行隨時隨地的將活期存款轉為定期存款，這樣就省去了不少的麻煩。

第二，「月光族」：對於「月光族」來說，最好的儲蓄辦法就是零存整付。零存整付，是按月存入一定金額，以機動利率計息，到期後以複利提取本金以及利息。零存整付適合想累積一桶金的人，如果你每個月都有一筆多餘資金，你可以把這些錢設定零存整付，一段時間後就可以存到你意想不到的數字。假設你想要五年後想要出國到歐洲旅遊，旅費需要十萬元，這時候你可以用零存整付，每個月存下一千六百二十五元，依照目前的利率約百分之一計算，五年後你就可以無風險存到十萬元。

零存整付可以說是一種強制存款的方法，每個月固定存入相同金額的錢，建議不想做「月光族」的朋友都去辦一個，養成一種「節流」的好習慣，從而嚴格控制自己的消費，做一個放棄感性消費，實行理性消費的人，克服和擺脫「月光」的這種不良消費習慣。

對於月光族來說，滾動儲蓄也是一個不錯的選擇，我們可以將一筆資金分為一二筆，每月存入一筆定期，這樣做的好處是利息比活期高，而且每月都有一筆存單到期，在需要使用的時候不致影響其他的存單的利息收益。此方法很適合上班族，假設你每個月可以存下一萬元，一年十二個月就有十二筆一萬元，每個月底將一萬元設為定存一年期，五年之後，你每個月都會有六萬元到期的定存，屆時可以靈活運用。如果還不需要用到錢，也可以將到期的存款連同本息及新有的儲蓄再轉設為一年期定存，又稱為「滾雪球」，如此，你將不會浪費辛苦所賺來的每一分錢。

第三，工薪家庭：工薪階層的收入有限，投資最重要的是講究資金安全，在這個基礎上再考慮較高收益率。儲蓄是工薪家庭的避風港，存錢買房、供孩子上學的費用基本上都是靠一點一滴的儲蓄得來。因此，最好別把錢都存到一起才決定做定期存款，按月或者按季度進行分批存款，合理規劃存錢的期限和存款的金額，以便在提前支取的時候可以選擇距離存期最近的存單支取，減少利息的損失。

所以，對於工薪家庭儲蓄存款來說，具體可以按以下的方式來做：

可以將自己積蓄的百分之三十五存入銀行。雖然現如今，利率仍然低於 CPI（消費者物價指數），但是作為保本的投資手段，儲蓄依舊是普通民眾理財的首選方式。建議的組合方式為：一年期百分之五十五，三年期百分之三十五，活期百分之十。這樣一來，儲蓄則可以實現滾動式的發展，方便可以隨時進行調整。

可以將自己積蓄的百分之三十購買國債。購買國債不僅利息要高於同期的儲蓄，而且還可以提前進行支取，也可以按照實際持有天數計息。

可以將自己積蓄的百分之二十投資基金。基金通常具有專家理財、組合投資、風險分散、回報優渥等特點，而且一般年收益率要明顯大於儲蓄。

可以將自己積蓄的百分之五買保險。在現今的銀行利率較低的情況下，購買保險則更具有防範風險和投資增值的雙重意義。比如養老性質的保險，不僅僅對人生的意外具有保障作用，而且是一個長期投資增值的過程。

另外還可以用自己積蓄的百分之十做收藏。藝術品也是具有極強的增值功能，如果進行長期的投資，報酬率是極高的，而且還非常容易融入了個人的興趣、愛好，正可謂是投資、觀賞兩不誤。

【世界銀行家】

※ 前美國金融學會會長和《商業雜誌》副主編默頓．米勒

米勒一九二三年五月一六日，出生於美國麻薩諸塞州的波士頓。一九四〇年他進入哈佛大學。一九四三年以優異的成績畢業，並獲得文學學士學位。一九四九年，他選擇了巴爾的摩的約翰·霍浦金斯大學就讀，並於一九五二年獲得經濟學博士學位。

他的第一個工作是一九五二年到一九五三年倫敦經濟學院的訪問助理講師。之後，他到了卡內基工學院，即現在的卡內基·梅隆大學。一九六一年，他來到芝加哥大學。一九六五到一九八一年，他擔任芝加哥大學商業研究院布朗講座銀行金融學教授。一九六六年到一九六七年，在比利時的魯汶大學作了一年的訪問教授。一九八一年至今，任芝芝加哥大學商業研究生院馬歇爾講座功勳教授。米勒是芝加哥經濟學派的成員，由於發現了資本結構理論中的莫迪尼亞尼-米勒定理而獲的一九九〇年諾貝爾經濟學獎（與哈利·馬可維茲和威廉·夏普分享）。

【回溯歷史】

※ 中國最早的對錢

所謂對錢，就是指兩枚錢的錢文相同，鑄地相同，大小、輪廓等形制都完全一樣，不同之處是兩種書體。南唐李璟所鑄開元通寶小平錢有篆、隸兩種書體，這是中國最早的對錢。據說篆體開元通寶為大書法家徐鉉書寫。

儲蓄理財五要點

說到儲蓄理財，很多年輕人都覺得自己收入少，根本沒有錢去儲蓄，沒有資格去談理財。其實不然，儲蓄理財正是初級理財者進行理財的首選方式，因為它相對於基金理財和股票理財等理財方式來說要安全和便捷，也是最為穩妥的投資理財方式。

生活不可能沒有目標，理財也需要目標。不管是窮人還是富人，把目標放遠，適當的制訂短期和長期目標，才能更早更好的實現自己的人生價值。而我們一旦確立了一個儲蓄理財的目標，堅持不懈的進行積蓄投資，終有一天也會成為富翁。

我們把儲蓄當作是一種投資的畫，利息當然是最為重要的。不然，我們又如何去獲得利潤呢？下面我們來瞭解一下儲蓄投資利息的計算規則。

（一）銀行計算利息的日期是從存入的當天開始計算的，直至提取存款的前一天；也就是說，存款的當天已經開始計算利息，但是，提取存款的那一天不能計算利息。這就是儲蓄投資利息計算原則中的「算頭不算尾」的原則。

（二）儲蓄存款的日期都是按照一個月三十天，一年三百六十天開始計算的，不分大月、小月和平年、閏年。總之，在儲蓄投資計算利息的規則裡，三十號和三十一號被視為同一天。也就是說，假設你的存款是三十日到期，而你到三十一日才去取款，這不算是過期一天；同樣，如果你的存款是三十一日到期，而你在三十日去提取存款，也不算提前一天。

（三）我們有的時候會遇見這樣的情況，自己的定期存款到期的那一天恰好是國家的法定節假日，無法取款。這個時候我們該怎麼辦呢？關於這一點，銀行也做了專門的規定，假設定期存款恰逢國家法定節假日到期，造成儲戶不能按期取款，儲戶可以在節假日提前一天支取存款。這種情況，在手續上被視為提前支取，但是在利息的計算上仍然按照到期支取計算。

（四）儲蓄投資雖然不分投資金額的多少，大家可以進行隨意的投資，但是，我們在進行投資的時候必須瞭解到，銀行的規定是以元為計算單位的，元以下的角和分都是不計算利息的。

（五）在存款期間中，常常會遇到利率的調整，那麼，我們提取存款的時候是怎麼樣計算利息呢？根據國家的相關規定，各種定期儲蓄的定期存款在原定存期內如果遇到利息調整，不管是上調還是下調，都按照存款時所定的利息率計算，不採取分段計算。

而活期儲蓄則不同，活期存款如果遇到利率調整，也不採取分段計算的方法，但是它是以結息日掛牌公告的活期存款利率來計算利息的。

以上所講的都是現今銀行裡計算利息的基本原則，當然，各種規則都有可能根據實際情況做一定程度的調整與修改。所以，我們儲蓄投資如果不想損失利益，應該及時關注銀行推出的相應調整政策，做到心中有所準備。

【世界銀行家】

※ 前任《經濟史雜誌》副主編道格拉斯·諾斯

道格拉斯·諾斯，西元一九二〇年生於美國麻薩諸塞州，一九四二、一九五二年先後獲加利福尼亞大學學士學位和哲學博士學位。美國經濟史學協會會長、國民經濟研究局董事會董事、東方經濟協會會長、西方經濟協會會長等職務。

諾斯主要著作：《一七九〇－一八六〇年的美國經濟增長》、《美國過去的增長與福利：新經濟史》、《制度變化與美國的經濟增長》、《西方世界的興起：新經濟史》、《經濟史中的結構與變遷》等。

鑒於他建立了包括產權理論、國家理論和意識形態理論在內的「制度變遷理論」，一九九三年獲頒諾貝爾經濟學獎。

【回溯歷史】

※ 中國最早的御書錢幣

中國古代錢幣的錢文有很多都是由皇帝親自書寫的，也稱為御書錢。比如北宋的大觀通寶、崇寧通寶和背面「陝」字的宣和通寶就是由宋徽宗使用的瘦金體所書寫的。

而中國最早的御書錢則是北宋初年的淳化元寶，錢文是由宋太宗趙炅親筆書寫，分為楷書、行書和草書三種書體。

四法幫你選擇儲蓄銀行

很多人認為，銀行的儲蓄利率是國家來規定的，隨便到哪個銀行都一樣，其實不然，因為不同的銀行，它們的服務條款是不一樣的，銀行有時也會撤併或者遷址，同時我們還要考慮到其他的很多因素。所以，如何選擇一家安全、便捷、服務態度好和服務設施齊全的銀行存錢，是大有講究的。

那麼我們在選擇銀行的時候，應該學會哪些方法呢？

第一，選擇合法、正規的金融機構。

這是我們存款的首要條件。當你走進某一家銀行，或者是信用合作社存款的時候，首先就要看清楚這一機構有沒有在醒目的位置上懸掛准予開業的《金融機構營業許可證》以及《營業執照》，而這兩種證件則是辨別一家金融機構是否合法的主要標誌。而且，它們每年都是要經過年度金融檢查，信譽非常優良、管理也比較正規，特別是針對一些非法的假銀行、地下錢莊等等，報紙上面經常刊登它們欺騙群眾、騙取錢財的案例，因此我們一定要擦亮自己的眼睛，絕不被那些所謂的高利率等優厚條件所誘惑，絕不能將自己的錢交給非法機構。

第二，選擇地理位置優越的銀行。

現在，隨著銀行集中化經營程度的不斷提高，以及銀行業之間競爭的加劇，大部分位置相對偏僻、儲蓄資源相對匱乏的銀行分行都會相繼撤並或者遷址，這就會給我們帶來很大的不便。所以，我們在選擇銀行的時候，盡量選擇那些具有區域優勢、規模相對較大，以及周邊儲蓄資源比較豐富的銀行網點進行儲蓄。

第三，選擇電子化辦公程度較高的銀行。

在不同的銀行之間如果開通了相互可以提取存款的業務，我們就可以根據自己的需求進行選擇。比如，我們如果選擇了具備二十四小時自動提款機的銀行，就比把錢存到只能到臨櫃辦理存取手續的銀行要方便和快捷的多。

第四，選擇有特色服務的銀行。

現在，很多銀行都非常注重個性化的經營，各具特色。如果你平常因為學習或者工作，根本沒有時間去顧及儲蓄理財，存款時就選擇有「提醒服務」、「自動續存」等特色服務的銀行。當然存款到期時，銀行會主動打電話提醒你，或者根據預先的約定自動給你辦理定期續存手續。

【世界銀行家】

※ 前美國經濟協會副會長埃弗塞．多馬

埃弗塞．多馬於西元一九一四年四月十六日生於俄國羅茲（今屬波蘭），卒於一九九七年，波蘭裔美國經濟學家。

曾獲哈佛大學博士學位。一九四三至一九四六年以經濟學家身份在聯邦準備理事會任職，一九五八年在麻省理工學院任經濟學教授至一九八四年退休。一九六五年獲 ODK 聯誼會約翰．康芒斯獎，一九七〇年當選美國經濟協會副會長、比較經濟學協會會長。

與羅伊．哈羅德提出了發展經濟學中著名的經濟增長模型哈羅德—多馬模型。

主要著作有：《經濟增長理論論文集》、《資本主義、社會主義及農奴制：埃弗塞．多馬論文集》等。

【回溯歷史】

※ 中國歷史上名稱最繁雜的一種錢幣

南宋嘉定錢是中國歷史上名稱最繁雜的一種，按面額分有小平、折二、折三、折五共四種，每一種面額又有各種不同的名稱，計有元寶、永寶、之寶、金寶、興寶、安寶、新寶、洪寶、萬寶、正寶、真寶、崇寶、封寶、至寶、隆寶、重寶、珍寶、通寶、泉寶等。

儲蓄投資的三個技巧

我們把儲蓄投資說得非常簡單，似乎對於我們本身的能力沒有過於嚴格的要求。但是，作為一項投資，肯定有它的技巧和藝術，只是要求的嚴格程度不同而已。所以，對於我們來說，技巧仍然是非常重要的，那麼，儲蓄投資究竟有什麼技巧呢？

第一，「定」比「活」好，「長」比「短」好。

對於我們來說，期限的長短和存款的類別都是必須要考慮的因素。因為這關係到我們獲利的多少。當然，我們也知道利率越高，所得的利息就越多，這是一條亙古不變的原則。但是，我們還可以在存款期限上面做一些調整和安排，爭取在最大限度的獲得利潤。我們應該爭取做到這麼四點：少存活期；多存定期；少存短期；多存長期。我們大家都知道，定期的利率遠遠比活期的利率要高，長期的利率肯定比短期的利率要高很多，這樣，我們就可以獲得更多的錢，提高投資的報酬率。

第二，適當選擇滾動式的儲蓄。

我們在做投資的時候，常常考慮到有的時候可能會急需著用錢，所以，很多人只將一部分錢存為定期，這樣做的目的是保證我們在需要的時候方便提取。這種想法是很切合實際的，誰也不敢保證自己在接下來的日子不會出一點小意外。但其實只要採取滾動式儲蓄的方式，就可以保證自己能夠隨意提取存款，而且又不會因為活期存款而降低利息的收益。

滾動式儲蓄就是將自己的儲蓄資金分為十二等分，每個月都存一個一年期的定期。總之，我們每一個月都應該往銀行裡面存一個定期，這樣一段時間下來後，每個月都會有一筆定期存款到期，可以提供隨意的支取。如果我們這個月不需要使用這一筆到期的一年定期，我們又可以將它和其他的錢一起轉存成為一筆數量更大的定期存款。這樣，我們既可以應付那些臨時需要的大開支，又不會因為提前支取已存的定期存款而減少自己的利息收入。

在規定期限內提取存款。

根據《定期存款中途解約及逾期處理辦法》的規定：定期存款中途解約利息之計算採用存款銀行牌告利率固定計息之存款，按其實際存款期間（包括不足月零星日數，以下同）依下列規定單利計息。

一、未滿一個月時，不予計息。
二、存滿一個月未滿三個月時，照存款銀行一個月期牌告利率八折計息。
三、存滿三個月未滿六個月時，照存款銀行三個月期牌告利率八折計息。
四、存滿六個月未滿九個月時，照存款銀行六個月期牌告利率八折計息。
五、存滿九個月未滿一年時，照存款銀行九個月期牌告利率八折計息。
六、存滿一年未滿二年時，照存款銀行一年期牌告利率八折計息。

七、存滿二年以上時，照存款銀行二年期牌告利率八折計息。

八、前款各目牌告利率，以存入當日之牌告利率為準，但採用牌告利率機動計息之存款，在實際存款期間內，如遇存款銀行牌告利率調整，應同時改按新牌告利率分段計息。

定期存款如果需要提前支取，只能按照活期存款的利率進行計算。所以，沒到規定的期限最好不要提前去銀行提取定期的存款。

萬一遇到著急用錢，我們也可以辦理存單質押借款，我們在存入定期存款後，如果需要提前支取的話，這個時候我們可以考慮用原存單作為抵押，辦理小額的貸款，這樣不僅解決了急需的資金問題，同時也減少了利息的損失。

【世界銀行家】

※「博弈論之父」約翰·馮·諾伊曼

約翰·馮·諾伊曼，美籍匈牙利人，一九〇三年十二月二十八日生於匈牙利的布達佩斯，一九二一年在蘇黎世大學學習。一九二六年以優異的成績獲得了布達佩斯大學數學博士學位。一九二七年到一九二九年間馮·諾伊曼相繼在柏林大學和漢堡大學擔任數學講師。一九三〇年接受了普林斯頓大學客座教授的職位，西渡美國。一九三一年他成為美國普林斯頓大學的第一批終身教授。

他是美國國家科學院、祕魯國立自然科學院等院的院士。一九五四年他任美國原子能委員會委員。一九五一年至一九五三年任美國數學會主席。一九物四年夏天，右肩受傷，手術時發現患有骨癌，治療期間，依然參加每週三次的原子能委員會會議，甚至美國國防部長，陸、海、空三軍參謀長聚集在病房開會。晚年，有學生請教他做事的方法，他說：「簡單。」

【回溯歷史】

※ 中國面額最大的金屬鑄幣

國寶金匱直萬是一種造型非常奇特的錢幣，錢體由兩部分組成：上部是圓形方孔，篆書直讀「國寶金匱」四字，下部分則為鏟形，篆書「直萬」二字，這種錢幣被公認為是王莽時期的貨幣。

因為金錯刀錢文為「一刀平五千」，也就是一枚值五銖錢五千個，那麼此錢錢文「直萬」，也就是一枚值五銖錢一萬個。因此說，國寶金匱直萬是中國面額最大的金屬鑄幣。

辦理網路銀行的三點好處

自從手機應用程式進入人們的生活之後，由於其價格低廉、方便快捷，受到了幾乎所有人的青睞。我們用它來傳遞資訊、溝通友情、休閒娛樂等等，也許有很多人還不知道，手機應用程式還有一個非常重要的功能，就是理財。

剛滿二十八歲的楊晶晶可謂是女中豪傑，她自己開了一家建材批發公司。而且由於業務關係較多，她經常會收到各地客戶的匯款。而為了能夠及時瞭解客戶匯款的情況，以便安排發貨事宜，楊晶晶幾乎每天都要到銀行櫃檯去進行查詢，這樣不僅僅浪費時間和精力，而且還會耽誤其他重要的事情。

曾經有一次，一位大客戶急需進一批建材，於是就給楊晶晶電匯了貨款。但是非常不巧的是，楊晶晶由於別的原因沒有及時到銀行去查帳，等到楊晶晶趕到銀行的時候，銀行早就關門下班了。

而且第二天又恰逢週休二日，銀行根本就不上班。儘管客戶多次來電話催楊晶晶發貨，但是吃過虧的楊晶晶在沒有得到款項到帳的確切資訊之前，還是不敢輕易發貨。最後，只好等到週一銀行上班之後，楊晶晶才急匆匆趕到銀行查詢，結果一查，貨款已經於匯款當日就到帳了。

而當週一得到了到帳的確切資訊，楊晶晶準備打電話向客戶道歉並安排發貨的時候，客戶這個時候卻打來了電話，由於楊晶晶不能夠及時發貨，結果讓客戶錯過了最佳的銷售時機，所以客戶決定取消訂單，並且要求退回貨款。就這樣，已經到手的一筆大生意就是由於不能夠確定款項是否到帳而泡了湯。

到了後來，有一個朋友告訴她說，銀行推出了「行動銀行」業務，利用手機就可以及時瞭解帳戶資金的變化情況。於是，楊晶晶就在第一時間開通了此項業務。從此之後，無論是白天還是晚上，不管是工作日還是節假日，只要有貨款到帳，她都能夠透過手機即時查詢及收到通知。

具體來看，行動銀行業務主要有以下幾方面的好處：

第一，隨時掌握資金的變動。

開通「行動銀行」業務之後，如果因為存款、取款、網上支付、匯款轉帳、刷卡消費、申購基金成交、薪水發放、支票到帳等各種原因造成的帳戶資金變動的時候，銀行的服務系統就會自動透過手機簡訊進行告知，這樣你就可以對資金變化情況瞭若指掌了，而這個功能對於那些需要隨時掌握帳戶資金情況的人們來說就顯得特別重要了。

而且，隨著科技的不斷進步和犯罪手法的逐漸高科技化，近年來，客戶資金被網路駭客竊取和盜轉的現象可謂是屢見不鮮，由於很多受害者沒能及時發現資金被盜，給辦案人員的破案和挽回損失帶來了極大的困難。但是，如果開通「行動銀行」，一旦發生非正常的資金轉移，我們就可以立即透過手機訊息發現異常，那麼就可以及時向銀行及警察局報案，對於尚未被盜轉的資金則可以立即凍結，從而避免造成更大的損失。

第二，人性化的提醒服務。

隨著生活、工作節奏的不斷加快，讓很多忙於工作的人對發行國債、基金等資訊不能夠及時瞭解，常常是他們知道之後趕到銀行想要購買的時候卻被告知已經賣完了。可是，如果開通了「行動銀行」，那麼銀行的服務系統就會在第一時間給你發送相關理財資訊，我們就可以根據自己的情況及時到銀行購買和提前申購。

第三，隨時隨地資金劃撥。

「手機銀行」業務開通之後，我們則可以利用其中的「行動轉帳」功能，透過銀行的應用程式從帳戶當中向外劃轉資金或匯款。同時，許多銀行開通了行動支付手機費等支付業務，只需要我們按要求掃描行動條碼及輸入轉帳資料，就可以完成繳費。

【世界銀行家】

※　二〇〇六年諾貝爾經濟學獎得主埃德蒙．費爾普斯教授

埃德蒙．費爾普斯於西元一九三三年出生於美國伊利諾州，美國經濟學家。現任美國哥倫比亞大學政治經濟學教授。他透過研究證明了低通貨膨脹率如何導致人們對未來低通貨膨脹率的預期。

埃德蒙．費爾普斯教授的研究方向集中在宏觀經濟學的各個領域，被譽為現代宏觀經濟學的

締造者和影響經濟學進程最重要的人物之一。他最重要的貢獻在於經濟增長理論，他指出通貨膨脹不僅和失業率有關，也跟企業及員工對價格的預期有關，並將基於理性預期的微觀經濟學分析引入到就業決定理論與工資—價格動態均衡和提出經濟增長的資本累積黃金定律等。

2006 年，埃德蒙・費爾普斯因其「在宏觀經濟跨期決策權衡領域所取得的研究成就」而獲得諾貝爾經濟學獎。

瑞典皇家科學院認為，費爾普斯的研究「加深了我們對經濟政策的短期影響和長期影響之間的關係。」他使人們更加清醒地認識到充分就業、穩定的價格和迅速的增長都是任何經濟理論、政策的重要目標。並說「他強調，從根本上說，隨著時間的推移，儲蓄和資本形成與通貨膨脹和失業之間的平衡都是關乎福利分配的問題。費爾普斯的分析對於經濟理論和宏觀經濟政策都產生了深刻的影響。」

【回溯歷史】

※ 中國最早的鉛質雕母錢

鉛質雕母錢，根據史料記載，只有清朝光緒通寶寶蘇、寶頓等。而元朝大元國寶當十鉛質雕母錢近年來在中國還是第一次發現。此錢直徑四點六公分，重五十三點三克，是仿照金代泰和重寶當十錢雕刻的。這兩者在製作風格、大小厚薄、文字粗細等方面是完全一致的。

此錢雕成後準備鑄造銅錢流通使用，可能是由於「國寶」二字不太適合做錢幣的名稱，或者是由於其他的原因，此類銅錢並沒有被廣泛使用。這枚大元國寶當十鉛質雕母錢距今已經有了七百多年的歷史了，成為中國最早的鉛質雕母錢。

五招讓你不在儲蓄中破財

儲蓄理財雖然被人們認為是最安全的理財方式，但它的風險還是存在的，如果我們疏忽大意，存到銀行裡的錢也有可能丟失，這就需要我們警惕儲蓄中的破財行為。

第一，檢查存單的合法性以及內容的正確性。

現在，隨著科學技術的進步，基本上所有的銀行都採用電腦記帳、打單。這樣一來，存單可以更清晰明瞭的顯示資料，但也可能因為電腦系統故障等多種原因而造成資料錯誤。因此，當我們拿到銀行的存單後，必須仔細核對存單上的金額是否與自己所存款項一致，最重要的是檢查本次存入的數目是否正確，合計餘額是否正確。存單上銀行工作人員是否蓋章，公章、私章是否齊全。

第二，儲蓄種類和期限須細加考究。

在銀行進行儲蓄存款，不同的儲蓄種類具有不同的特點，存期不同，所獲得的利息也不同，活期儲蓄存款適用於生活待用款項，靈活便捷，適應性強；定期儲蓄存款則適用於生活結餘，存款時間越長，利率就越高，而且具有很強的計畫性；零存整付儲蓄存款則適用於月末餘款存儲，積累性較強。因此我們如果在選擇儲蓄理財時不注意合理選擇儲種，很容易使利息受損。

所以，在選擇存款種類和期限的時候，不能根據自己的意志決定，還應該考慮自己的消費水準，以及用款的情況，只要能夠存三個月的定期存款，就不要存活期存款，能夠存半年定期存款，就絕對不要存三個月的定期存款。而且還需要特別提醒的是，現今，銀行儲蓄存款利率變動比較頻繁，每個人在選擇定期儲蓄存款時可以參考利率的調整趨勢確定儲蓄期限的長短，例如，在銀行存款利率日益上升的時候，我們選擇相對短期的定期儲蓄就會獲得更好的收益。

第三，慎重設置密碼。

如今，為存款加設密碼已經是廣大存款人為防範存款被他人冒領的一種重要手段，但很多人在為存款加設密碼時卻不能周全的設定密碼，很多人喜歡選用自己或親人的生日作為密碼，這樣一來密碼的保密功能非常容易喪失，生日透過身分證、戶口名簿、履歷表都可以被他人知曉。用自己的手機號碼或家庭電話做密碼也容易被熟悉自己的人知曉。有的人習慣用存款當天的日期作為密碼，這樣其實也不安全，存單上會顯示存款日期，一旦存單丟失，極容易被他人竊取。

因此，在選擇密碼時一定要注重其邏輯性，可以選擇與自己有著密切關聯，但又不容易被他人猜到的數字，例如愛好寫作的人可以把自己某篇得意之作的發表日期作為密碼，相愛的人可以選擇兩個人特別珍重的某個紀念日來做密碼，這樣既讓他人很難猜想到，而且自己也不容易混淆或忘記。

第四，保管好存單、存摺。

存單（折）是儲戶在銀行存款時，由銀行開具的，交由儲戶自己保管，用於支取存款，是確認雙方債權債務關係的唯一合法憑證。

我們在保管存單（折）時，最好把存單放在一個比較保密的、不易被蟲鼠咬壞，且乾燥不容易受潮的地方。同時要注意的是，活期存摺必須把所存機構地址、戶名、帳號、存款日期、金額、密碼等記在筆記本上，定期存單除了登記這些外，還要把存款期限記下來，以備萬一發生意外，我們還可以根據所記錄資料進行查詢或辦理掛失。

第五，大額現金一張單。

很多人喜歡把到期日相差時間很近的幾張定期存單到期後轉存，合併成為一張大額的存單，雖然說這樣便於保管，但是這樣的做法卻有所不妥，因為有的時候急需用錢的話，那麼就可能需要提前進行支取，這個時候就會讓自己在無形當中遭受到了損失。

正確的方法可以這樣做：假如有五萬元存儲，可以分為四張存單，分別按金額大小排列，如兩萬元、一萬兩千元、一萬元、八千元各一張，這樣一旦遇到急用錢時，利息損失才會減到最低。

【世界銀行家】

※ 二十世紀最著名的投資家威廉·江恩

威廉·江恩於西元一八七八年六月六日出生於美國德克薩斯州的拉夫金市，父母是愛爾蘭裔移民。在其投資生涯中，成功率高達百分之八十到九十，他用小錢賺取了巨大的財富，在他五十三年的投資生涯中總共從市場上取得過三億五千萬美元的純利。

一九○二年，江恩在二十四歲時，第一次入市買賣棉花期貨。一九○六年，江恩到奧克拉荷馬當操盤手，既為自己炒，也管理客戶。在一九○八年，江恩三十歲時，他移居紐約，成立了自己的股票經紀公司。同年八月八日，發展了他最重要的市場趨勢預測方法，名為「甘氏理論」。市場上有關江恩理論的書籍通常都充滿了複雜的圖表和數字。一般認為其理論是基於數學、幾何學、數字學、天文學、星象學以及宗教等方面的內容。如果江恩理論用一句話來表達，這句話就包含全部：『價格的波動與時間的經過，必遵守角度的撐壓關係』。經過多次準確預測後，江恩聲名大噪。

【回溯歷史】

※ 中國最早的銅質雕母錢

中國最早的銅雕母錢應為南京博物院所藏明朝嘉靖通寶折十大錢。此錢銅色金黃，質地細密，表面光潔滑潤，無氣孔砂眼，字口如斬，刀痕猶存。中國雕母錢清代較多，明代僅有萬曆通寶、崇禎通寶等數枚，而此枚嘉靖通寶時間最早，品質最好，堪稱錢幣之珍品。

養成儲蓄的習慣

對所有人來說，存錢是成功的基本條件之一，但是在那些沒有存過錢的人心目中，最迫切的一個大問題則是：「我要怎樣做才能存錢？」

存錢純粹是習慣的問題。任何行為在重複做過幾次之後，就變成一種習慣。而人的意志也只不過是從我們的日常習慣中成長出來的一種推動力量。一種習慣一旦在腦中固定形成之後，這個習慣就會自動驅使一個人採取行動。

養成儲蓄的習慣，並不表示將會限制你的賺錢能力，恰恰相反，你不僅將把你所賺的錢可以有計畫的保存下來，也會讓你看到更大的機會，從而增強你的觀察力、自信心、想像力、進取心以及領導才能，從而真正增加你的賺錢能力。

債務是一位無情的主人，光是貧窮本身就足以毀掉進取心，破壞自信心，毀掉希望。但是如果再在貧窮之上加上債務，那麼，你就成為了這兩位殘酷無情監工的奴隸，毫無疑問的會遭受挫折。

只要頭上頂著沉重的債務，那麼任何人都無法把事情辦得完美，任何人都無法受到尊重，任何人都難以創造或實現生命中的目標。

有這樣一個人，他的收入是每個月兩萬元。但他的妻子非常喜歡「社交」，企圖以兩萬元的收入來充當十萬元的面子，結果，這就造成了這位可憐的傢伙經常背著大約八萬元的債務。

他家裡的每個孩子也從他們的母親那裡學會了「花錢的習慣」。這些孩子現在已經到了上大學的年齡，可是由於這位父親負債累累，他們想要上大學已經是不可能的事情了。結果就造成了父親與孩子們之間發生的爭吵，讓整個家庭陷於衝突與悲哀當中。

一個被債務纏身的人，一定是沒有時間，也沒有心情去創造或者是實現理想，結果可能是隨著時間的流逝，最後開始在自己的意識裡跟想要作樂的種種限制做鬥爭，讓自己被包圍在恐懼與懷疑的高牆之中，永遠都逃不出去的。

一個人被債務纏身，而且又要想要克服對貧窮的恐懼的話」，那麼他必須採取兩項非常明確的步驟：第一，就是停止借錢購物的習慣；第二，立即逐步還清原來所有的債務。

在沒有了債務的憂慮之後，你將會重新踏上成功之路。所以，養成把你的收入按照固定比例存起來的習慣，即使只是每天存十元也可以，同時，還要把它當作你明確主要目標當中的一部分。很快的，這樣儲蓄的習慣將被養成，而你也將獲得儲蓄的樂趣。

如果你決心獲得經濟上的獨立，那麼你在克服了對貧窮的恐懼感，並養成了儲蓄的習慣之後，再想要積聚一大筆的金錢，這就並非難事了。

愛迪生是世界上最著名及最受人尊敬的一位發明家，但是，我們可以這樣說，如果他不養成節儉的習慣，以及表現出他高超的儲蓄能力，那麼，他可能永遠是位默默無聞的小人物，任何人都不會去注意到他。

一個人要想獲得成功，擁有儲蓄存款是必不可少的條件。如果沒有存款，我們將無法獲得那些只有手邊現款的人才能獲得的機會；在遇到急需用錢的緊急情況時，我們也將無法應付。

如果你手邊沒有錢，而且也還沒有養成儲蓄的習慣，那麼，你就永遠無法讓自己獲得任何賺錢的機會，這是一個不折不扣的事實，因此，我們要早日養成儲蓄的習慣。

【世界銀行家】

※《歷史的終結及最後之人》的作者福山

法蘭西斯．福山，美國作家、日裔移民的第三代、政治經濟學人。他在該書中認為人類歷史的前進與意識形態之間的鬥爭正走向終結，隨著冷戰的結束，資本主義陣營的勝利，歷史亦將終結於民主自由與資本主義。

法蘭西斯．福山喜歡把科學、政治理論等共治一爐，這成為了他的特色。最新著作為《強國論》，提出以建構國家體制來解決二十一世紀的新議題。

【回溯歷史】

※ 古錢幣的淵源與由來

貨幣是商品交換的產物。因為牛、羊、豬等牲畜不能分割，五穀會腐爛，珠玉產量太少，刀鏟笨重，所以最後集中到海貝這一實物貨幣上。海貝可作頸飾，便於攜帶與計數，因此在長期商品交換中被選為主要貨幣。

六招避免儲蓄風險

把錢放在銀行應該是最安全的，但安全不等於沒有風險，只不過儲蓄風險相較於其他的投資風險儘說有所不同。

一般來說，投資風險是指不能獲得預期的投資報酬以及投資的資本產生損失的可能性。而儲蓄風險是指不能獲得預期的儲蓄利息收入，或由於通貨膨脹而導致的儲蓄本金的減值。存款本金的損失主要是指在通貨膨脹嚴重的情況下，如果存款利率低於通貨膨脹率，即會出現負利率，存款的實際收益小於等於零，此時若無保值貼補，存款的本金就會產生損失。不管是哪種情況的儲蓄風險，我們都應該根據自己的實際情況分別採用不同措施，以減輕損失。

第一，如無特殊需要或有把握的高收益投資機會，不要輕易將已存入銀行一段時間的定期存款隨意取出。

第二，辦理部分存款提前支取。得要是儲戶在辦理了定期存款以後，遇到了急事要動用存款的話，這時，要是需要用的錢數目小於定期存款的數目，我們就可以採取部分提取存款的方法，以減少利息損失。辦理部分提取手續後，未提取部分仍可按原存單的存入日期、原利率、原到期日計算利息。

第三，對於已到期的定期存款。應對利率水準及利率走勢、存款的利息收益率與其他投資方式收益率進行比較，還要把儲蓄存款與其他投資方式在安全、便利、靈活性等各方面進行綜合比較，結合每個人的實際情況進行重新選擇。

第四，如果存入定期存款一段時間後，遇到比定期存款收益更高的投資機會，如國債或其他債券的發行等，我們可將繼續持有定期存款與取出存款改作其他投資，兩者之間的實際收益做一番比較後，從中選取總體收益較高的投資方式。

第五，在利率水準較高，或當時利率水準可能高於未來利率水準，即利率水準可能下調的情況下，對於不具備靈活投資時間的人來說，繼續轉存定期儲蓄是較為理想的。因為，在利率水準較高、利率可能下調的情況下，存入較長期限的定期存款意味著可獲得較高的利息收入。另外，利息收入是按存入日的利率計算的，在利率調低前存入的定期存款，在整個存期內都是按原存入日的利率計付利息的，所以可獲得較高的利息收入。

因此，在利率可能下調的條件下，對於具有一定投資經驗，並能靈活掌握投資時間的人來說，也可將已到期的存款取出，有選擇地購買一些債券和股票，待利率下調，股票和債券的價格上升後再拋售，即可獲得更高的投資收益。當然，利率下調並不意味著所有有價證券都會同步同幅的上升，其中有些證券升幅較大，有些升幅較小，我們應認真的分析選擇。

第六，在市場利率水準較低或利率有可能調高的情況下，對於已到期的存款，可選擇其他收益率較高的方式進行投資，也可選擇期限較短的儲蓄品種繼續轉存，以等待更好的投資機會，或等存款利率上調後，再將到期的短期定期存款改為期限較長的儲蓄品項。

僅僅懂得儲蓄遠遠滿足不了我們理財的需求，在懂得儲蓄的同時還要盡量多學一些經濟知識，以便於規避儲蓄的風險，更好的理財。

【世界銀行家】

※《時代雜誌》一九九七年美國最具影響力人物保羅．羅默

保羅．羅默，生於一九五五年，美國經濟學家，史丹福大學教授。他被認為是經濟增長方面的專家並且於二〇一八年獲得諾貝爾經濟學獎。羅默在一九七七年獲得芝加哥大學物理學學士學位，並於一九八三年在該校獲得經濟學博士學位。一九九七年他被《時代雜誌》選為年美國最具影響力的二十五人之一。二〇一六年十月，保羅．羅莫出任世界銀行首席經濟師一職。

【回溯歷史】

※ 布幣

中原地區即趙、韓、魏三國和周王室等地，主要流行布幣。布幣脫胎於青銅鏟形農具和「布」同音假借。春秋時期的布幣主要是空首布即有裝柄的空心銎。

而戰國時期的布幣主要是平首布，即相對「空首布」而言，已無裝柄中空的銎，而形似鏟狀銅片，布幣形制大致分平肩，聳肩，圓肩和方足，尖足，圓足等類別，最一般由平肩平底布或平肩方足向聳肩尖足布，圓肩圓足布演化，使用區域後來擴展到楚國和燕國等地。

儲蓄讓你告別「錢到用時方恨少」

人們往往有這樣一種習慣：有錢的時候，從來不知道節儉，直到有一天突然發現手頭拮据，才不得不開始存錢。很多人手裡有錢，卻不知道怎麼花，帳戶裡的錢也只能記得最前面一位數字的變化。而到了錢花得差不多的時候，只好掰著手指計算著下一步的開銷。

其實回頭想想，我們總會感到有些後悔，仔細想想很多錢其實是可以省下來的。「如果買東西買便宜一些的；如果晚上不出去應酬；如果每週少買幾件衣服；如果每月能把剩下的錢存進銀行……」有太多的如果，而我們卻不能實現任何一個，錢還是如流水一般花了出去。

如今終於沒錢了，才發現生活到處需要用錢。接下來，就開始盼望下個月發薪水的日子。擔心的是若是遇到什麼意外之事需要花錢，但是自己卻捉襟見肘，窮於應對。

節儉雖然創造不出富翁，但卻是實現富翁之夢的一個必然過程。高瞻遠矚、未雨綢繆是很有必要的。因此，好好計畫支出，可以為未來積攢一大筆財富。另外，手頭留有部分備用資金，更能預防人生風險，以備不時之需。

一個好的理財計畫，總會讓人獲得驚喜。對於我們來說理財最為重要的是「節流」，並且在節流的基礎上保值增值。我們一般的保值方式為定期存款或活期存款。定期又分為整存整付和零存整付。活期也分為兩部分：第一，銀行活期存款；第二，現金。

但一年到頭只靠儲蓄，並不能真正的保值。很多人把家裡所有的錢都放在銀行，賺了錢就往帳戶裡存，不管花什麼錢也都從帳戶裡面拿。趕上一些大筆的開銷，比如買房、買車等，就先一鼓作氣攢夠這筆錢，然後義無反顧的買回自己心愛的東西。這些人大部分是「月光族」，也有的自認為很能攢錢，但由於沒有明確的理財目標，面對一些突發事件的時候，仍然會感覺捉襟見肘。

這樣的財務狀況其實是很危險的，經不起任何風浪的拍打，一點點小事故就會造成家庭經濟的巨大損失。甚至有些人還需要四處「借貸」或變賣財產才能渡過難關。

為什麼會這樣呢？我們仔細分析一下就不難發現原因。撇除掉通貨膨脹所帶來的因素，存銀行活期肯定是會購買力下降的，實際就是貶值，至於現金就更不用說了。而定期存款，扣除所得稅後也就沒什麼增值空間了。

所以，我們一定要進行好好的規劃，多學習一些理財技巧，不斷提高自有資金的使用效率，讓自己的血汗錢真正保值、增值。

理財中的「理」字，代表了條理、合理、整理等多項含義。因此，個人財務的條理化、資產的合理分配才是理財的關鍵。專款專用是最好的理財方法，根據個人具體的財務目標，充分運用各類理財工具，做到「守、防、攻、占」各司其職，這才是個人理財的「最高境界」。

【世界銀行家】

※ 一九八二年諾貝爾經濟學獎得主喬治．斯蒂格勒

喬治．斯蒂格勒，是美國經濟學家，經濟學史家。斯蒂格勒先後得到西雅圖華盛頓大學商學

院企業管理學學士（一九三一年）、西北大學企業管理學碩士（一九三二年）跟芝加哥大學的博士學位（一九三八年）。

一九四七年至一九五八年喬治．斯蒂格勒任教於哥倫比亞大學，一九七七年在斯蒂格勒的指導下創立了「芝加哥大學經濟與國家研究中心」並出任該所主任。

喬治．斯蒂格勒在一九七一到一九七四年擔任安全投資保護委員會副主席，一九六九到一九七〇年擔任尼克森總統的法規管理改革顧問，一九六四年，他被選為美國經濟協會主席。一九七四年，他成為享有盛名的《政治經濟學》雜誌的編輯，一年後，他被選為美國全國科學院成員。一九八二年獲得諾貝爾經濟學獎。

【回溯歷史】

※　刀幣

刀幣最早起源於春秋時期，東方的齊國和北方的燕國主要使用刀幣。刀幣分「燕明刀」和「齊刀化」二大類型。刀幣形狀取形於山戎、北狄等北方游牧民族漁獵用的刀類工具。

由於齊刀面有「化」字文而稱「刀化」。刀背分為弧背、折背、直背，刀首有平首，尖首之分，也是中國早期一種青銅鑄幣。

三招教你為夢想而儲蓄

金錢的最大用途就是來支持我們的夢想。青少年和成年人相比，最大的不同是不需要操心如何用金錢來滿足自己的生存需要。

由於青少年普遍對於自己未來的構想比較模糊，所以很大一部分人都不會像成人那樣精打細算。這麼一來，夢想幾乎就成為了青少年們存錢的唯一動力。事實也是這樣，那麼到底該怎樣為了夢想而存錢呢？

第一，要計畫一下自己的總收入，包括父母每個月給的零用錢，還有一些小的獎勵金，自己打工的收入等等，我們先減去每月必須要花費的錢，比如早餐、交通費、學習所需費用等等，然後再估計一下自己每個月可以有多少自己能夠掌控的錢。

第二，要認真考慮一下自己的夢想，同時一定不要忘記權衡一下哪些願望是最迫切的，然後你可以根據自己願望的迫切度，以及實現的難易程度，制定一個「願望實現日程表」，將每個月所要實現的夢想都寫在一張紙上，每實現一個，就劃掉一個，這樣為了實現夢想青少年們就會慢慢的養成了存錢的好習慣。

第三，在制定存錢計畫的時候，我們還要考慮一些特殊的情況。比如朋友過生日，班級組織活動等等，以免這些開支影響了自己夢想的實現，從而對存錢失去信心。

當我們遇到一些特殊的獎勵，比如父母多獎勵了一些錢，親戚朋友給了一些錢，這個時候你也應該調整自己的存錢計畫，或者可以再增加一個小夢想。

也許你覺得這些錢都只是很少的錢，對於自己的夢想來說簡直就是杯水車薪，所以存錢沒有什麼用。還有很多人覺得自己的生活總是不如別人的精彩，過得一點也不開心，把原因都是歸究於父母給的零用錢太少。

很多人都有過這樣的抱怨，覺得零用錢太少是一個很大的問題，其實不然。若是我們的夢想太大，你完全可以把它劃分成幾個小的週期來實現，當然你也可以適當的調整一下你的夢想。比如說，你的夢想可能是環遊世界，這當然需要很多的錢，但是你可以先存一些錢，先到周邊國家的小城市旅遊一趟，相信你也能獲得很大的滿足。

那些過大的，不切合實際的夢想往往會消磨你的意志，讓你的存錢計畫變得不堪一擊。所以，你一定要讓自己存錢的目標盡量劃分的小一些，簡單一些，可實現性強一些，這樣對於我們自己來說無疑是最大的激勵和幫助。

【世界銀行家】

※《資本主義與自由》一書的作者米爾頓．傅利曼

米爾頓．傅利曼，出生於一九一二年七月三十一日，是美國著名經濟學家，以研究宏觀經濟學、微觀經濟學、經濟史、統計學、及主張自由放任資本主義而聞名。一九七六年取得諾貝爾經濟學獎，以表揚他在消費分析、貨幣供應理論及歷史、和穩定政策複雜性等範疇的貢獻。被譽為

二十世紀最重要且最具影響力的經濟學家之一。

一九四一至一九四三年，他出任美國財政部顧問，研究戰時稅務政策。一九四三至一九四五年在哥倫比亞大學參與研究小組，為武器設計、戰略及冶金實驗分析資料。一九四五年，他與後來的諾貝爾經濟學獎得主喬治．斯蒂格勒到明尼蘇達大學任職，一九四六年他獲得哥倫比亞大學頒發博士學位，隨後回到芝加哥大學教授經濟理論，期間再為國家經濟研究局研究貨幣在商業週期的角色。

他在1980主持了名為「選擇的自由」的節目，並出版了同名的著作，使他廣泛的被大眾認識。在節目中他以一支鉛筆說明自由市場的原理的片段，成為了他廣受歡迎的一段言論，至今在網路上依然可以見到其蹤影。

【回溯歷史】

※ 環幣

從春秋時期進入金屬鑄幣階段到戰國時期已確立布幣，刀貨，蟻鼻錢，環錢四大貨幣體系。

西北方的秦國獨用環幣，其形制取形於紡輪或玉璧演化而來。環幣分圓形圓孔和方孔兩種。

戰國時期即較早鑄行的是圓形圓孔，後秦惠文王，秦始皇鑄圓形方孔「半兩」錢。圓形環錢是方孔錢的原始狀態。

第四章　提升消費的智慧

買衣服省錢的技巧

「愛美之心人皆有之」，每個人都喜歡把自己打扮得好看一些，希望能引起別人的注意，好看的衣服就是必不可少的了，現代人對衣服的要求越來越高，尤其是女人總是覺得自己的衣服有點過時，於是在購買服飾的時候動輒就是幾百甚至是幾千，導致服裝成了一項重要的支出。其實，如果掌握了買衣服的技巧，就能花最少的錢，買最合適的衣服。

一、**注意衣服的互搭**。

在穿著方面，除了單件服飾的巧思，整體搭配也是不能忽視的，風格要既能協調又能體現自己的特色和品位，因此，在購買服飾的時候，應該先想想自己都有些什麼樣的衣服，這件買的話考慮和哪件衣服相搭配。尤其要挑選一些與不同風格的衣服搭配能夠起到不同效果的衣服或首飾，這樣就能以較少的衣服組合出多種不同風格的穿搭，自然不會再買那麼多數量的衣服。

二、**在合適的時間購買**。

女孩子的服裝季節性很強，每個季節剛上市的新款價格肯定會很貴，而到了季末的時候，就會開始打折，用一半的甚至是更少的錢就能買下同樣的商品。

三、殺價。

殺價就是對價格進行談判，只要在購物前充分準備好就能省下很多錢，需求越明顯，資訊就越明朗，就能在殺價上取得優勢。有的商家很聰明，當他發現不情勢不再對他有利時，就會為客人介紹別的商品，因為你一旦動心，就容易價格多少都能接受。所以，堅持要買的東西及價錢，商家就會讓利而出售。

四、不要買不好洗的衣服。

有的衣服看起來很漂亮穿起來也是賞心悅目，可是穿髒之後要清洗是非常麻煩的，有的還必須乾洗，無形之中就額外為這些衣服多花了錢，所以還不如買一些既好看又好洗的衣服。

五、形成自己的穿衣風格。

一年中的四季每個季節都會有很多不同造型和款式的衣服，如果一味跟著時尚走，會花費很多金錢和精力，而且也不一定適合自己。所以買衣服前應該先明白自己的穿衣風格和身材，挑選既不會過時又適合自己身材的衣服，就能避免一過季就大肆買衣服的情況。

六、參考名牌的款式。

穿衣服穿的好看不一定非穿名牌不可。如果在逛商場時看到自己喜歡的款式和顏色可以記下來，然後再尋找款式和色彩相近的買下來，這樣不僅省錢又滿足了自己追求時尚的心理。

買衣服是有很多技巧的，很多時候不是要非得穿多貴的衣服才符合時尚，那是不理性的消費。我們要學會將一些價格比較實惠的衣服搭配著穿，不僅穿出時尚，還要穿出自信和大方，這才是最重要的。

【世界銀行家】

※　實驗經濟學之父弗農．史密斯

史密斯是美國經濟學會傑出會員、美國科學院院士、美國人文與科學院院士、安德森年度顧問教授、一九九五年度亞當斯密獎獲得者，擔任過公共選擇學會會長、經濟科學協會會長、美國西部經濟學會會長，兼任《美國經濟評論》、《經濟行為與組織》期刊、《風險與不確定性》期刊、《經濟理論》、《經濟設計》、《博弈論與經濟行為》、《經濟學方法論》等期刊編輯，他是二〇〇二年諾貝爾經濟學獎的獲得者，獲獎原因是「開創了一系列實驗法，為透過實驗室實驗進行可靠的經濟學研究確定了標準。」

【回溯歷史】

※　蟻鼻錢

戰國時期南方楚國鑄幣銅貝稱為蟻鼻錢，這是由貝幣演化而來。銅貝錢文形似鬼臉，為「貝化」二字組合。蟻鼻比喻小，意思就是小錢。

錢幣的正面有陰文，下端有孔，但大多未穿透。最普通的為人臉形，文字多見為「咒」「紊」，其他較罕見，有安、君、忻、金、行、匋、貝、三等銘文，共十一種。近年來還不斷有新品發現，俗稱「鬼臉錢」、「蟻鼻錢」。楚國除了蟻鼻錢之外，還有黃金稱量貨幣，是戰國時期唯一能夠以黃金作為流通貨幣的國家。

四點讓你養成記帳的好習慣

今日，「月光族」已經不是什麼新鮮詞了。現代年輕人賺的往往沒有花的多，而月底還要背上很多的債務。但大家肯定不想做「月光族」，那麼我們應該怎麼辦呢？

首先要讓自己有理財的意識，而學會記帳就是理財的第一步。很多人認為記帳是沒有用處的，這是絕對錯誤的觀點。記帳可以讓我們認識自己的行為，並且可以憑藉這個方法來改善自己的經濟狀況。如果我們沒有養成記帳的習慣，將無法對自己的財務狀況進行有效的分析。

很多人之所以不願意記帳除了嫌麻煩之外，還有一個重要的原因就是理所當然的認為自己沒有亂花錢，可是事實真的是這樣嗎？顯然不是的。因為我們通常會忽略一些較小的開支，而這些常被我們忽略的小開支，積累起來就是一筆非常大的開支。

當我們看見自己喜歡的東西付錢就買的時候，常常不會想到，買回去之後，很多時候是根本用不到它們的。如果能夠更早的記帳，藉助了解自己的花錢習慣，我們就可以避免這樣的錯誤。

記帳可以讓我們清楚知道我們的錢從何處流來，又流向何處去。

概括的來說，記帳可以從以下四個方面幫助我們：

第一，可以讓我們知道到底有多少錢，以及收支和財務的狀況是否平衡，可以讓我們透過分析來解決一些問題。比如，為各項支出做出更加合理的預算，或者是去找一份更有前途的工作。

如果我們沒有一個準確的記錄，我們就不能準確的知道這一點。

第二，知道我們的錢是怎麼花的。只有知道計畫外的花費來自何處，我們才知道從何處著手去省錢。

第三，鍛鍊和培養自己的記憶力和條理性，並且養成堅持不懈的好習慣。事實上，我們每天只需要幾分鐘的時間，就可以將自己一天的花費進行記錄。

第四，我們可以清晰的看見自己的財富在一天天增加，這樣有助於我們樹立自信和更高的經濟目標，如果我們的資金有保障，我們會更自信。

正確的記帳方式，除了要真實的記錄每一筆消費，還要記錄採取何種付款方式，比如說是刷卡，還是現金支付等等。

記帳也是一個細膩的工作，平常消費時我們就應該養成索取發票的習慣。當產生較大的交易額，而又沒有及時拿到發票的時候，我們就要在記帳本上面記錄清楚，以防時間一長就忘記了。

記帳可以讓我們明確自己的每一天是怎麼過的。如果我們的帳記得足夠的清楚，我們的每一項收支情況，甚至可以幫助我們回憶起，那一天都發生了什麼樣的事情。而且，帳本上真實的我們，和想像中的我們，往往是有差別的。記帳可以讓我們更清楚的認識自己，而不是理所當然的認為自己沒有亂花錢。

如果，我們能夠養成記帳的好習慣，那麼相信每到月底，我們都將不再是一名「月光族」。

【世界銀行家】

※　經濟計量學的先驅者爾文．費雪

爾文．費雪於西元一八六七年二月二十七日生於紐約。一八九〇年開始在耶魯大學任數學教師，一八九八年獲哲學博士學位。

費雪是耶魯大學第一個經濟學博士，他的學位論文《價值與價格理論的數學研究》用定量分析研究效用理論，至今為經濟學家稱道。這篇論文奠定了他作為美國第一位數理經濟學家的地位。他一生共發表論著兩千多種，合著四百多種。許多術語以他的名字命名，比如費雪方程式，費雪效應，國際費雪效應和費雪獨立性理論。

【回溯歷史】

※　世界上最早由政府法定的貨幣

秦朝統一六國後，政治統一要求已經濟統一作為基礎，秦始皇順應歷史發展趨勢，在統一文字，度量衡的同時，也統一了貨幣。規定以「黃金」為上幣，以鎰（二十兩）為單位，以圓形方孔銅錢為下幣，以半兩為單位。錢文「半兩」與實重相符，這種方孔圓錢從此成為中國貨幣的主要形式一直沿用了二千多年。

做一個理性消費的人

隨著時代的發展，越來越多的人們透過消費來滿足自己的心理需求，而並不只是滿足生存的基本需求，這也隨之產生了許多不好的現象，也就是非理性消費。生活中一般有兩種典型的消費觀念：一種是有明確的採購目標，到自己選定好的商場購買選定好的商品，直觀進行判斷，直接購買；第二種是沒有明確的選購目標，只是在自己喜歡的某類商場裡面逛，看到自己喜歡的商品，也許做了一個臨時的決定，就購買了。

我們稱前者為理性消費，也就是俗話說的購物；後者稱為即時消費，也就是我們常說的逛街，後者的這種消費我們也稱之為非理性消費。

也許有人會說，我們有時逛街的時候，正好碰上自己需要的東西在打折出售，這不是既又省錢又享受，何樂而不為呢？但是這只是偶然的情況。事實上，人們進行即時消費的時候常會買了很多可買可不買的東西，很多東西買回家之後可能自己一次也沒有用過。

我們消費的行為是受到我們自身消費心理所支配的，消費心理分為健康的消費心理和不健康的消費心理。而出現這些非理性消費的原因，就是有不健康消費心理的存在。

攀比心理、從眾心理、逆反心理、貪便宜心理這些都是不健康的消費心理。

攀比心理是指別人有的我也要有。有些商品，人們擁有它的目的不在於它本身的實用價值和它所帶來的樂趣，而在於一種炫耀。一些人的消費受攀比心理的影響，娛樂消費受流行影響，服裝消費崇尚名牌。這樣的消費想法都是很不對的。

崔軍是一名大二的學生，家庭環境並不富裕。可是，他每次對同學之間的交往都很注重體面。對此，他有這樣的想法：同學來一次也不容易，自己去同學家裡的時候，人家各方面都照顧得很周到。到了我家，如果招待不周那也太失面子了，所以無論如何也要撐著。

我們從這個例子可以看出，崔軍的同學的行為純屬「打腫臉充胖子」式的攀比型消費。從表面上看，好像是拉近了同學之間的關係，但是殊不知正所謂「君子之交淡如水」，真正的好朋友之間的交往沒有必要非要建立在高消費的物質基礎上。如果日後雙方出現財政赤字的話，會讓生活變得更加緊張，心理也將會失去平衡。

從眾心理是指順從大眾的消費潮流，仿效大多數人的消費行為。有這樣心理的人，看到許多人在做一件事後，便不由自主的加入進去。當別人率先作出示範性的消費行為後，他們便進行模仿和重複，其消費行為很大程度上受到別人的影響。

現在有很多大學生都講究穿戴名牌服裝、首飾。有些同學為了追求名牌和與眾不同，將大量的錢花在了治裝上，身著「香奈兒」的香水，腳踏「愛迪達」運動鞋，胸前掛著蘋果手機，出入高消費場所等等。當然在家庭條件許可的範圍內穿戴名牌無可厚非，但為了追求名牌而置自己的時間、精力、財力於不顧這就不對了。

也有部分大學生為了戀愛能更浪漫難忘，所以就會去製造這樣的氛圍：比如每週去餐廳燭光晚餐，每個月去看一次電影或出去旅遊，沒過多長時間就過一次交往幾天的紀念日，對方過生日買高價奢侈品贈送等等。這些看似當時很浪漫的行為，最終會導致自己出現生活緊張狀況。

逆反心理是指刻意追求與眾不同，排斥社會大眾的消費潮流。很多年輕人追求與眾不同的裝扮方式，他們尤其喜歡逛一些時尚店，沒有消費計畫，看到讓自己眼睛一亮的，不論價格高低都要買下來，他們的目標就是不標新立異。於是常常出現衝動購物的情況，把購物當成一種宣洩情緒的手段，這是消費心理不成熟的典型表現。

貪便宜心理就是指被商家牽著鼻子走。促銷歷年來都是人們特別關注的問題，這在一定程度上助長了部分消費者的不理性消費行為。在一些促銷的購物券上面都寫著最終解釋權歸商家所有，但我們還是明明買了自己不需要的東西仍覺得很便宜。商家就是利用我們這一點貪便宜的心理，大肆進行促銷活動。在這個時候，我們一定要有自己的主見。

我們一定要做一個理性消費的人，一定要堅持合理消費的習慣，並且能夠根據自己的需要來購買商品，千萬不要盲目從眾，更不要過分的標新立異，守好自己辛苦所得的每一分錢，提高我們的消費智慧，做一個聰明、理性的消費者。

【世界銀行家】

※ 經濟學的最後一個通才保羅．薩繆森

保羅．薩繆森，一九一五年出生。一九三五年畢業於芝加哥大學，隨後獲得哈佛大學的碩士學位和博士學位，並一直在麻省理工學院任經濟學教授。他發展了數理和動態經濟理論，將經濟科學提高到新的水準。

他是當今世界經濟學界的巨匠之一，他所研究的內容十分廣泛，涉及經濟學的各個領域，是世界上罕見的多能學者。薩繆森的巨著《經濟學》流傳頗廣，被翻譯成日、德、意、匈、葡、俄等多種文字，銷售量已多達數百萬冊，成為許多國家和地區制訂經濟政策的理論根據。

【回溯歷史】

※　漢武帝首創「五銖錢」

在漢武帝即位之後，「外事四夷，內興功利」急需開闢財源。與此同時，郡國自由鑄錢，造成了幣制混亂，物價上漲，開始威脅中央財政。於是，漢武帝於西元前一一八年下令廢除漢初郡國制幣權，改由中央統一鑄幣。並且設「上林三官」即鍾官（掌鑄錢）、辨銅令（掌原料）、上林均輸（掌制範），組成的中央鑄幣機構負責鑄造五銖錢，也稱為「上林錢」和「三官錢」。

切勿陷入消費誤區

對於大多數人來說，購物的主要目的就是為了滿足生活的需要，如果因為虛榮或者其他的原因而陷入消費的誤區，買了價格高而且又不實用的東西，那就得不償失了。很多人在購物的時候很容易受到商家的廣告宣傳或者自己虛榮心的誤導，從而陷入了消費的誤區。

第一，過分相信廣告。

在現今的生活當中，廣告可以說是無孔不入，不管你是否願意，在有意無意之間都會被廣告牽著鼻子走。就拿購物來說，往往你首選的就是你在廣告中見得最多的那種品牌的商品。現在各種品牌太多了，跟著廣告選擇也不是不可以，但是商品都有假冒偽劣，廣告難道沒有嗎？其實很多人都有這樣的體會：有些做廣告做得很好的商品，我們買回來之後發現其實根本沒有廣告上說得那麼好，而另外的什麼網路廣告，小海報張貼的廣告，可信度就更差了，有時候我們連吃虧上當想找商家投訴都不知道該去找誰。

第二，對外國貨情有獨鍾。

隨著各國交流越來越頻繁，外國商品大量流通於市場，已開發國家的許多商品令我們大開眼界，從此購買外國商品也成為了很多人所追求的時尚。但是很多年過去了，很多時候自己國家生產的許多日用消費品的品質已經遠遠超出了外國商品，可是我們卻還是不喜歡買國產商品，這就導致了在市場上面出現了很多掛羊頭賣狗肉的產品，這麼一來產品品質怎麼能得到保證。

第三，自己糊裡糊塗。

在市場經濟條件下，交易雙方是一種平等的契約關係。我們花錢買了東西，就有權利索要一張稅務部門的正式發票作為憑證。可是，有的人卻沒有索要發票的習慣，有的人輕信商家的口頭承諾，不開具發票。

有一個年輕人買了一雙鞋，售貨小姐信誓旦旦的說：「不用開發票，我們不會拿信譽開玩笑。」結果年輕人相信了，回到家，他覺得鞋穿著不合適，就拿去換時，該店卻以沒有發票為由斷然拒絕了他，年輕人憤憤不平，但是也無可奈何。

另外還有一種糊裡糊塗的消費，也可以稱為迷信消費。有的人喜歡求神拜佛、算卦看相、厚葬死者，以為這樣就可以消災免禍。有的人甚至為他死去的長輩買了一大堆的冥幣一燒了之，其實我們理智的想想，這樣的行為背後真正富裕起來的只有賣冥幣的人。

我們進行消費，應該從各個方面進行考慮，否則很容易就會掉進消費的陷阱。

【世界銀行家】

※　普林斯頓大學第一名經濟學系主任法蘭克·菲特

法蘭克·菲特，生於西元一八六三年三月八日，是美國的經濟學家，隸屬奧地利經濟學派。

法蘭克·菲特在一八九一年取得了文學士學位。一八九二年，曾在印第安納大學教導菲特的導師獲得了在康乃爾大學的教職，他同時也替菲特爭取了就讀康乃爾大學的獎學金。菲特在同一年取得了碩士學位。接著在一八九四年從德國的哈雷大學取得了博士學位，他的畢業論文的題目是批判托馬斯·羅伯特·馬爾薩斯提出的人口數量理論。

【回溯歷史】

※ 世界上第一枚雙色金屬錢幣

西漢晚期，王莽建新朝，托古改制，濫發貨幣。如：「大泉五十」是王莽上台後為解決經濟危機而鑄行的一種大錢。「泉」是「錢」字的借用。

為防盜鑄私錢，創造了一種新幣形，即把古代刀幣和圓錢結合，創造出世界上第一枚雙色金屬錢幣。為防止私鑄而使「大泉五十」、「刀平五千」等官行幣做工精絕。

必須知道的購物竅門

錢總是在我們不知不覺間就流失掉了，平時的一些看似很小的開支就如同大壩上面的白蟻，慢慢地把我們的存款掏空，因此在購物的時候，我們要掌握一些小竅門。

第一，去超市購物。

在超市裡面買東西，也有一些省錢的小竅門，可以幫助我們更好的保護自己的荷包。

(一) 進超市之前要好好計畫

在進入超市之前最好先制定一個購物的計畫，將必須要購買的東西寫下來，大概算一下價格，帶上比這個價格略多一點的錢就好，然後再進入超市購物，記得不要帶過多的錢。

(二) 打折商品慎重購買

其實打折減價大家都知道是商家促銷的一種手段。俗話說：「只有錯買，沒有錯賣。」特別是吃的東西，都是有一定保存期限的，有些超市減價的食品大都是快過期的，如果我們貪圖便宜購買的過多，自己一下子又吃不完，這樣就得不償失了。

(三) 最好使用手提籃

手提籃無形中從品質和體積上限制了我們購物的數量，這樣我們就可以有效的節制購物。

（四）盡量不要去超市

我們不要沒事就往超市跑，最好能夠定期的去超市，比如一週或者半個月去一次。平時把需要購買的東西都及時的記下來，然後集中一次去購買。根據調查發現，逛超市的次數越多，我們花費的錢也就越多。

第二，瞭解商場慣用的促銷手段。

喜歡逛商場的人都知道促銷手段是五花八門的，但是大家對它們有進一步地瞭解嗎？

（一）抽獎

從某種角度來說，抽獎這類活動在所有促銷形式中是最為刺激的，因為在中獎之前誰也不知道你將得到的是什麼。雖然相比送禮、降價而言，抽獎的好處要小的多，但是巨大的大獎誘惑，往往可以極速聚攏人氣，對於商品品牌宣傳很有幫助。

（二）送禮

送禮在市場上是相當常見的，禮品不但有電腦賣場中常見的滑鼠、鍵盤、耳機等等小件產品，像洗衣機、冰箱、空調等大件的獎品我們也能看到。

多樣的送禮的確為市場增添不少熱鬧，不過這些禮品可能很多都是一般民眾所拿不到的，並不是商家不捨得送，而是被個別經銷商私自克扣了。畢竟我們不可能隨時隨地關注市場，因此也就不可能對送禮的程序瞭解的一清二楚。

（三）減價

減價作為大家最喜聞樂見的促銷形式，往往也是廠商們的重頭戲。與其他促銷形式不同，減價帶給我們的實惠是最直接的。因此減價往往會引起整個業界的震動，特別是大幅度的減價，更可能在行業內起到一種連鎖反應。

（四）換新

不少商家都推出以舊換新的活動，其實這種活動在家電市場中早就司空見慣了，老產品折合錢兌換新產品，雖然折價不多，但是要比賣給二手商划算得多。

面對市場中眾多的促銷活動，對於我們來說，冷靜的看待是十分必要的。或許觀望一陣子之後你就會發現，很多促銷都只不過是變相的降價，而在商家之間激烈的競爭之後，市場中會出現更多值得我們關注的產品。

【世界銀行家】

※　前美國東部經濟學會主席湯瑪斯．克倫比．謝林

湯瑪斯．克倫比．謝林出生於一九二一年四月十四日，美國經濟學家，馬里蘭大學公共政策學院教授，研究領域是外交事務、國家安全、核策略和武器控制。因為「透過博弈論分析改進了我們對衝突和合作的理解」與勞勃．奧曼共同獲得二〇〇五年諾貝爾經濟學獎。他是美國科學院院士，美國藝術與科學學院院士，美國經濟學會傑出會士。一九九一年擔任美國經濟學會主席。

謝林最著名的著作《衝突的策略》，此書開創了對議價和策略行為的研究，被認為是一九四五年以來對西方影響最大的一百本書之一。

【回溯歷史】

※「六朝五銖」劣錢橫行

魏晉南北朝是中國分裂時期，戰爭頻繁，政局動盪，社會經濟遭到了嚴重的破壞，史稱此時「錢法大壞」。為了節省銅用量，五銖錢越做越小，有「鵝眼」、「雞目」之稱，更有剪鑿邊圈，稱「剪邊五銖」，一枚錢改成二枚，但是面額非常大，百當千用。錢幣界把這一時期的五銖錢統稱為「六朝五銖」。

節省電話費的兩個技巧

電話、手機等通訊工具已經成為我們日常生活中不可缺少的一部分，當你隨時隨地拿起手機享受無線通訊帶來的聯絡無地域限制的樂趣時，也應該清楚的意識到，你同時也在為此付出金錢。在不經意間，你的電話、手機費的帳單可能已經遠遠超出了自己的預算。所以，節省電話費已經是我們刻不容緩需要解決的問題，下面就向大家介紹幾種節省電話費的方法。

第一，多使用網路通話。

可能很多人都知道網路電話早就有了，但卻很少使用，由於 LINE 也都能實現視訊通話，所以我們會經常使用它們。可是通話的品質相對於網路電話而言就要打折扣了。一些網路電話軟體的通話品質我們是可以放心的，而且可以聽到所有頻率的語音，還有一點很吸引人的地方是能夠進行多方同時對話，比如 Skype 這個網路電話軟體就可以進行多達二十五人的群組視訊通話。

網路電話的最大好處就是幫你節省電話費，特別是長途電話費。網路電話的費用不是根據呼叫地與被呼叫地的距離來制定的，不論你呼叫全球什麼地方，費用一律都是由被呼叫地來決定的。

第二，選擇適合自己的手機通話專案。

要談到手機費用的節省方法，實在是太多了，但是最主要的還是要選對手機通話專案，選對專案省下來的是通話費中的大部分費用，所以省錢的效果也十分明顯。

在眾多電話費中，最令我們更頭疼的可能是手機的國際通話費收費是相對較高的，所以最好的辦法就是能夠使用市話而不用手機。如果必須用手機打長途也沒有關係，你可以在撥打長途號碼的前面再加撥○○五之類的國際電話碼號碼，或是購買國際電話卡，再來撥打，這樣我們就能節省不少的電話費。當然，若是沒有很嚴格的要求通話品質的話，直接使用 LINE 應用程式提供的通話功能跟在國外的親友連絡是費用最低廉的。

【世界銀行家】

※ 立論倫理學的創造者漢斯．赫爾曼．霍普

漢斯．赫爾曼．霍普，一九四九年九月二日生，奧地利經濟學派經濟學家自由意志主義哲學家。他被許多人認為是目前在世的最知名而又最重要的無政府資本主義哲學家。

霍普曾就讀於薩爾布呂肯的沙爾大學、和法蘭克福的法蘭克福大學，學習包括哲學、社會學、歷史學、和經濟學。並在法蘭克福大學獲得了他的哲學博士學位和他的大學任教資格。在一九七六年至一九七八年間他也曾擔任安娜堡的密西根大學的博士後研究員。

霍普目前在內華達大學二○○四年年底為止。他曾出版過數本銷售極佳、並且引發廣泛討論

的書籍和文章。他根據尤爾根．哈貝馬斯（霍普攻讀博士時的指導教授）的論述倫理學，創造出了一套獨特的「立論倫理學」，並以此替自由意志主義的理念辯護。

六招教你網購更省錢

隨著現在經濟水準的提高，我們的消費觀念和方式也正逐漸發生改變，其中，網路購物這一種新型的消費方式正在逐步深入人心，也正在被大眾所接受，網路購物必將開發出一個更加廣闊無國界的市場。

網路購物可以說是一個新興的產業，我們可以比較的是圖片和價格，在確定一個產品之後，就這個產品的價格進行比較，接著觀察賣家的信譽以及賣家產品的出售評價，然後我們還要選擇有保障的交易方式，這樣才可以制約賣家。我們在網路消費的時候要掌握以下幾個妙招：

第一，準確瞭解自身的特點。

當我們在網上買衣服、鞋子等各類商品的時候，我們一般都可以看到賣家對商品的詳細描述，例如說衣服的衣長、袖子的長度、胸腰圍等。但因為是在網路購物，不像在實體門市裡購物可以隨時試穿，因此，一定要事先對自己身體各個部位的尺寸做到準確掌握。很多人在網路上看見漂亮的衣服都不敢買，就是擔心買了穿不了，但如果我們能夠熟悉自己穿衣服的具體尺寸，這些擔心都是可以迎刃而解的。

第二，多看幾家，再做決定。

也就是我們俗話說的「貨比三家」，貨比三家是挑選商品的最好方法。我們一定要多看、多逛，記下相同或者相近商品的價格來進行比較，以便找到最實惠的商品。

第三，多用站內搜尋。

在一些知名的購物網站一般都有比較健全的搜尋工具，比如蝦皮、奇摩購物、露天拍賣等等，只要我們一打開網頁就能看到站內的搜尋選項。在網路購物，要善於使用具有詳細商品規格的資料和參數化搜尋功能來做比較，除了比較價格外，還應當比較這些商家在服務方面所提供的承諾，比如說是支援的支付方式、提供的配送方式、售後服務等。有時價格最低的商家提供的服務可能並不能滿足你的要求，所以要綜合比較多個方面。

第四，學會議價。

當你在網路上的一個店鋪購物金額達到一定數量的時候，就可以試著和賣家洽談是否可以減免一些郵費；也可以在購物的時候，邀請幾個要好的朋友一起進行購買，而這樣就可以增加殺價的籌碼。當然，我們最好能夠在購物的時候，集中一個清單後一次採購，這樣就省去了每次購物所要花費的郵費支出。

除此之外，在購物的時候，最好能夠多與賣家進行溝通，那麼這樣我們就可能獲得更多的優惠。如今，網路上的即時通訊工具或賣場的問答工具都能很方便的跟賣家取得聯絡，對商品有任何疑問一定要及時詢問並溝通，即使賣家是在商品頁面當中說不議價，但是，我們也可能在透過線上與賣家進行良好的溝通交流中，仍能獲得折扣或優惠的可能性的。

第五，與別人分享購物的經驗。

我們要及時與別人分享購物的經驗，這會對其他購物者做選擇有極大的幫助，反過來也會對你自己有幫助。一般的購物網站上面都會有相關的評論區，裡面有很多實用的商品評價，這些都可以作為我們網路購物的參考。

第六，大件物品靠團購。

團購消費是近幾年剛剛發展起來的新型網路消費模式。「團結起來力量大」這句話，在團購的過程中得到了最佳的體現。團購一般是由商業公司或者網友自發組織組成一個群體與廠商進行議價，其威力之大已經有無數的例子能證明，「省錢而且樂趣無窮」對團購的一致評價。

張先生就是這樣一位團購達人。他工作雖忙，但在自己的新房裝修上卻毫不懈怠。除了在設計上親力親為外，他在採購上當然也是不遺餘力，近來網路的便利讓他發現了團購的妙處，細細計算下來，居然六成的裝修材料都是透過團購購入的，就連一貫很少打折的品牌櫥櫃也找到了更優惠的價格，中間省下的費用已經在萬元以上，這可是相當可觀的啊！

當然，如果我們遇到疑惑，還可以在團購討論區上及時發布資訊尋求諮詢和說明，不僅熱心的網友會提供相關的解答，網站的服務人員也會及時出來幫助我們。

【世界銀行家】

※ 一九九七年度諾貝爾經濟學獎獲得者麥倫．舒爾茨

麥倫．舒爾茨，生於一九四一年，一九六一年獲麥克馬斯特大學大學工程學士學位，一八六四年獲芝加哥工商管理碩士，一九六九年獲芝加哥大學經濟學博士學位。一九六八年至一九八三年先後執教於麻省理工學院和芝加哥大學，一九八三至今執教於史丹福大學。

主要的成就是與費雪．布萊克發展出計算金融衍生工具的布萊克－舒爾茨模型，並因此獲得一九九七年的諾貝爾經濟學獎。布萊克－舒爾茨模型提供人們計算選擇權價值的基本概念，並且已經成為全球金融市場的標準模型。

【回溯歷史】

※ 絲茶銀行代茶幣

一九二五年，「中國絲茶銀行」發行有五元的代茶幣，印刷精美，紅黃色，鏤空花邊，四個角印有「伍」字。上面自右至左橫印「中國絲茶銀行」六字。當中是扁橢圓形的採茶圖，左右兩旁均豎寫有「伍圓」字樣，外加灰色鏤空的花邊，並且在兩旁各豎寫「天津」兩字。「採茶圖」下面自

右至左橫寫「憑票即付國幣伍圓」八字，在下面自右而左橫印「中華民國十四年」七字。

科學購藥的三件法寶

現在「大病進醫院，小病進藥局」已經成為我們看病的一種習慣。藥品雖然是預防和治療疾病的重要武器，但是藥品的品質卻直接關係到藥效的發揮，關係到疾病的治療效果。所以自己去選購藥品不僅要考慮經濟因素，還要謹慎進行選擇，這樣才能讓我們的身體早日康復。

第一，老牌子的藥不一定比進口藥差。

有很多人認為進口藥要比國產藥的效果好；價格越高的藥越好；新藥、特效藥要比普通的藥好，其實這些都是一些錯誤的認識。老牌藥品在經過了長時間的臨床使用之後，不良反應早就暴露出來了，而那些有副作用和不良反應嚴重的藥物也早已經被淘汰了，所以市場上銷售的老牌藥品常被證明是副作用較少、較輕，療效也比較好的藥物。

而且一些國外生產藥物的資料，比如說血藥面積、有效濃度、半衰期等等都是國外藥學專家在外國人身上試驗得到的，不一定適合我們。因為，不同人種對同一種藥物可能有不同的反應，所以我們在使用進口藥物時應該特別謹慎。

第二，選擇藥物要瞭解它的本質。

我們在選購藥物時，應該以國產的老藥為首選，其次是國產的新藥，千萬不要迷信所謂的新藥、特效藥、進口藥。其次，那些比較大眾的，價格適當，療效被肯定，副作用輕微的藥物，也應當優先選用。

現在醫藥市場上還有一種奇怪的現象，就是給一些老藥重新命一個新的名字，然後當作是新藥重新生產，這樣以來價格就是以前老藥的十幾倍甚至幾十倍。所以說，在購買藥物的時候我們一定要擦亮自己的眼睛，不要被其包裝後的商品名字所迷惑，要認真看清藥品所含的主要成分和通用名稱，認清其「廬山真面目」。

另外，我們在選購藥物還要注意不要上一些不法藥廠或藥店「藥品銷售員」的當，不要輕信他們所說的「這是某某醫院，某某專家推薦的藥品」的廣告話術，其實他們的主要目的就是促銷藥品。

第三，不要迷信「黃金有價藥無價」的俗語。

現今的醫藥市場已經不再是一九六〇年代的時候了，以前需要買一支青黴素往往都要拜託熟人、走後門，可是現在我們在買藥的時候可以貨比三家、價比三家，同一藥廠生產的同一種藥品，哪家藥店便宜就可以在哪家買。

當然，也有一些藥店都設有即期特價藥櫃，將一些快要到保存期限的藥品以成本價格銷售，其實這樣的藥品只要在其有效期限內使用，藥品的品質是完全可以得到保證的。這些特價藥品不僅可以減少藥廠因為藥品過期失效而造成的損失和浪費，而且對一些經濟條件比較困難的人們來說也是一種很不錯的選擇。

但是我們一定要記住，藥品一旦過期就成了毒物。超過有效期的藥品，藥廠對它的品質不再進行保證。所以我們購買藥品不能一味追求價格便宜，還要注意藥品的品牌、品質，如果價格便宜的太離譜了，我們一定不要買，因為這很有可能是假藥，或者是品質極差的藥品。

【世界銀行家】

※《致福的障礙》一書的作者愛德華·普雷史考特

愛德華·普雷史考特，美國著名經濟學家，二〇〇四年與基德蘭德一同獲得諾貝爾經濟學獎，獲獎成就為「推動了動態宏觀經濟學在經濟政策的時間連貫性和商業週期的驅動力量方面的研究。」

普雷史考特於西元一九四〇年出生於美國紐約州，一九六七年在卡內基梅隆大學獲博士學位。現為亞利桑那州立大學教授、美國聯邦儲備銀行明尼阿波利斯分行的高級顧問。研究領域為宏觀經濟學、一般均衡理論與應用、收入差別與計量經濟學。

【回溯歷史】

※「協升昌」號茶莊票

西元一九二八年，福建福安發行茶莊票。東昆村發行的「協升昌」號茶莊票，又叫「協升昌」

字型大小票。其茶莊票發行種類不詳，已發現面額為「參角」和「伍角」兩種。

第五章　培養賺錢的方法和習慣

舊物生財三妙招

隨著人們生活水準的不斷提高和消費觀念的改變，家居用品的更新換代已經日益加快，經常處理舊物成為了我們生活中一項很麻煩的事情。我們要學會理財，除了要有心外，還要有一定的技巧。現在是提倡創新的社會，處理舊物也要有技巧。可千萬不要看那些點點滴滴的小錢，那些點點滴滴的積累，不但能夠聚沙成塔，更有可能從中致富。

第一，以舊換新省心省力。

現今，許多商家和廠商都提供以舊換新的業務，只要你交出自己的舊家電，並且再補上一筆差價，那麼就可以換回來更新型的家電。這麼一來我們既處理了舊物，又添置了新品，可以說是很划算的。而且現在以舊換新的範圍越來越廣，除了家電外，手機、資訊科技產品甚至汽車等商品都可以以舊換新，但是我們一定要注意，要透過廠家提供的正規途徑進行換新活動，以免上當受騙。

還有一種比較特殊的「以舊換新」方法，有創意的你不妨可以試一試，那就是進行舊物改造。舊物改造不僅需要一雙巧手，更要有一雙慧眼，從那些舊物中發現其能被改造的內在潛質。你可以改變它們的外形和色彩，也可以轉換它們的功能，使那些破舊的傢俱徹底改頭換面，煥然一新。如果我們以前沒有試過，不妨就先從舊衣服的改造著手。

第二，舊物出租一舉兩得。

由於現在城市的流動人口越來越多，特別是對於單身貴族來說，他們不會大量購買家電、傢俱，而會選擇租賃舊物，這樣既節省了資金，也減少了搬家帶來的麻煩。我們可以採用租賃的方式出租自己的舊物，它將不僅僅使你享受到變廢物為寶物的樂趣，還能幫助你增加收入。

第三，舊物出售有門路。

把自己不用的東西賣掉是大家最熟悉的處理舊物的方式，但是賣舊物也要好好的選擇管道。因為就算是再好的東西若被賣給收廢品的小販，這麼做都是太不明智的選擇。

我們很多人都非常喜歡看雜誌，如果我們每期都買的話，每月也要花幾百甚至幾千元，這些雜誌一看完我們通常就把它們很低的價錢賣給收回收的了。

但事實上，我們可以在網上發貼文，留下自己的聯絡方式，這樣我們就可以把這些雜誌賣給需要的人，就算是半價出售也至少會比賣給收回收的人要得到的報酬多。

其實，像這樣高價賣舊貨的辦法還有不少，關鍵就看你有沒有心經營。目前各地都有寄賣舊物的商店，很多人都將舊家電、傢俱交給寄賣店，再把這些舊貨透過寄賣店賣掉。另外，現在很多地方都定期舉辦「跳蚤市場」，這就很方便我們進行舊物交易，這樣的好事何樂而不為呢！

【世界銀行家】

※　芝加哥大學榮譽教授希西奧多．舒爾茨

西奧多．舒爾茨，西元一九〇二年生，美國人。他在經濟發展方面做出了開創性研究，深入研究了發展中國家在經濟發展中應特別考慮的問題，從而獲得一九七九年諾貝爾經濟學獎。

舒爾茨長期專注於農業經濟和以農業為基礎的經濟發展問題的研究，舒爾茨研究農業政策的成果是《重新調整農業政策》（一九四三年）、《不穩定經濟中的農業》（一九四五年）、《農業生產和福利》（一九四九年）和《農業的經濟組織》（一九五三年）。從研究農業經濟中，自一九五〇年代起，舒爾茨就提出並宣導了人力資本論，被西方資產階級經濟學界稱為「人力資本概念之父」。

【回溯歷史】

※　鈔票公司茶市流通券

「中國鈔票公司」曾經印製有茶流通券，我們以壹元為例，正面是白底紫飾紫字，正面花飾正中四角為空心「壹」字，上為空心字「福宏鼎茶業公司」，在中間的兩側有「婺源」字樣。再有花飾正中有空心字「壹元」字樣，中心圓形花飾中四周為空心字「茶市流通」四字，中為空心字「劵」字，下方則為「贛、皖、蘇、浙、閩、湘、鄂」七個字，再下面還有「每壹張兌大洋壹元」字樣，下方花飾則標有「中國鈔票公司印」七個字。

學生也能輕鬆賺錢

也許有人會說：「我也好想賺錢，好想鍛鍊一下自己。」可是又感覺自己什麼東西都不會。而且學習也實在是太忙了，不能抽出很多的時間，怎麼辦呢？下面我們給學生們介紹幾種賺錢的小方法。

小方法一：回收廢紙

如果你的父母喜歡看報紙，家裡肯定會有很多的舊報紙，每天拿出去扔掉，不僅麻煩還浪費，可是放在家裡，既占地方又不美觀。建議你可以找一個位置或者找一個空的箱子來，用來收集廢舊報紙，然後你就可以把它賣給回收站，也可以賣給一些上門收回收的人。

小方法二：回收舊書

回收舊書和回收廢紙看起來有點相似，但是還是有差別的。也許你還沒有發現它們之間的差別，但是你想想，好好的一本書如果你當廢紙賣了，是不是有點浪費，特別是一些名著、雜誌、小說或者是一些參考書、工具書，雖然沒有新的好，但是還是很有價值的。我們可以便宜一點出售，相信肯定會有愛書人士或想買二手書的學生需要的。

小方法：賣賀卡

提起這個，相信大家一定不會陌生，可能你自己就已經讓那些賣卡片的商店賺過不少錢了。賀卡非常的流行，尤其是學生更熱衷於此，這也就為你提供了一個賺錢的好辦法。其實作為一個學生，你有著很多的優勢。首先，如果你開始賣卡片，你的同學一定會照顧你的生意，而且身為同齡人，你會更瞭解他們喜歡什麼樣子的賀年卡。

小方法四：擦皮鞋

我們剛看到這個工作是不是覺得很沒有面子，其實這就是你想錯了。實際上什麼工作都一樣，而這更是一個能鍛鍊人的工作。你要明白憑藉自己的工作去賺錢總比只會伸手向家裡要錢的人要有面子得多，因為這是靠我們自己努力賺到的。

小方法六：發廣告宣傳單

在街上我們常常能看到在發廣告和宣傳單的人，廣告和宣傳單是很多企業和產品的主要宣傳方式之一。這個工作我們很容易得到，一般來說，各種展覽特賣會的時候，企業會在報紙或者一些打工網站發布招聘廣告，只要留意一下就可以找到。

但是這個工作雖然看似比較簡單，不過也還是很有挑戰性的。發傳單的時候，一般都是在展銷的場所外面或者在街道上行人多的地方，而且只能站著，也有可能會遇到有人對你的傳單置之不理，甚至會惡語相相，所以做這個工作你要做好心理準備。

【世界銀行家】

※ 政治部落格網站的經營者盧埃林．羅克維爾

盧埃林．羅克維爾於一九四四年出生於波士頓，也常被簡稱為盧．羅克維爾，是美國的自由意志主義經濟學家和政治評論員。

羅克維爾是位於阿拉巴馬州的路德維希．馮．米塞斯協會的創辦人和會長、以及加利福尼亞州的自由意志主義研究中心的副所長。同時他也是著名的政治部落格網站的經營者。

【回溯歷史】

※ 中國史上最大面額鈔票：六十億元

在一九四九年五月十日，中國貨幣史上鈔票面額空前巨額的紙幣——六十億元新幣橫空出世，僅五月十日到五月二十九日不到二十天的時間裡，六十億元面額的新幣就發行了兩兆八千八百元。

在這枚巨額紙幣的正面上方有「新疆省銀行」字樣，左邊則是孫中山的頭像，右邊有「陸拾億圓」字樣，下面寫有了「折合金元券一萬元」。

嘗試自己去賺錢

自己賺錢自己花的目的其實不在於你賺了多少錢，而是讓你從小就好好地鍛鍊一下自己。對於青少年來說，自己賺錢，有很多的好處。

青少年處於一個從孩子到成人的過渡時期，每個人都希望擁有更多可自由支配的錢。但就是在這個時期，家長們又對青少年的成長充滿了焦慮和不安，看見孩子漸漸長大，開始有了自己的內心世界，有事不再向爸爸、媽媽訴說了，也不再聽父母的話了，甚至有時候我們可能還會頂撞我們的父母，所以控制零用錢就成為了父母約束子女的一個好辦法。青少年們如果改變不了父母，那不如就改變自己。自己賺錢是讓荷包鼓起來的一個最行之有效的方法，它會讓你寶貴的少年時光歷練得更加豐富多彩。

隨著生活水準的提高，以及爸爸媽媽對子女的縱容，青少年們常常對賺錢沒有一個明確的概念，總以為賺錢是一件很容易的事情。即使父母給了很多的零用錢，也不懂得節省。

一名叫徐飛的年輕人，自己原本有一份相對穩定的工作，他的父親在外打拼為他存下千萬家產，並在他考到駕照後立刻買了很高級的汽車供其使用，父親的所有業務往來資金也都交由他管理。但有了錢後，貪圖享受的徐飛不但將工作辭去，而且每天出入酒吧、高級酒店包養小姐，不到兩年的時間裡將全部家產揮霍一空。

為了東山再起，徐飛父親無奈的將房子、車子賣掉後，收回財務管理大權，並把兒子帶在身邊希望給予好好的引導。但不久後，徐飛因受不了在外吃苦又偷偷跑回母親那裡，儘管溺愛他的母親時不時會給他一些零用錢，但這點錢對他來說無疑是杯水車薪。於是，徐飛以父親在外做生意需資金周轉為由開口向同學借款五十萬。拿到錢後的徐飛立即恢復了他昔日紙醉金迷般的生活，沒多久五十萬元即被揮霍一空。為了躲同學的債款，徐飛在兩年中，除了陸續又向親戚朋友借了三十多萬，還將父親過去給其母親的生活費全部騙到手花掉。

徐飛的父親後悔自己當初將千萬家產讓兒子掌管，也後悔經常為兒子還債。他覺得父親賺錢給兒子花，著實是害了自己的兒子，同時也與他們對其溺愛有關。

徐飛是典型的只會花錢而不會賺錢的孩子，最終釀造了悲劇。所以，我們一定要學會自己賺錢並且合理花錢。

如果你嘗試過打工，你會發現，當得到自己賺的第一筆錢時，是那麼的激動和喜悅。哪怕這些錢再少，來得再辛苦，可是我們可以很自豪地對自己說：我開始賺錢了。對青少年們來說，敢於去嘗試一下賺錢的話我們才會懂得錢的來之不易，也才會懂得工作的價值，這樣也就不會像以前那樣開始大手大腳亂花錢了。

思想和行動是有差距的，即使是一個滿腹經綸的人在第一天上班的時候也會感到莫名其妙的恐慌和不自信，但是當他努力去工作，並且拿到了工作報酬，他就會漸漸明白自己的價值。

賺錢是和社會接軌的一個最好途徑，在社會這個大教室裡，你可以學到許多書本上根本學不到的東西，你會聽到很多從未聽說過的名詞，你也會發現很多以前所不知道的小常識。慢慢你會發現自己變得博學了，能幹了，不再是從前那個除了讀書以外一無所知的人了。

對於理想的追求、未來的期待是每個人都會有的。只不過，在沒有真正進入社會之前，我們對未來的目標和職業都是模糊的，大多只是一種幻想，青少年們最大的理想通常就是考上某所大學。

但是，如果你從小就開始選擇不同的工作鍛鍊自己，你不僅在工作中可以認識到很多有經驗的前輩可以向他們請教，而且還會對各種各樣的職業有一個大致的瞭解，自己以後就不會這麼盲目了。然後，你就有了比較貼近現實的、可以透過努力去實現的理想了，你的奮鬥也就有了明確的方向。

【世界銀行家】

※二〇〇〇年諾貝爾經濟學獎獲得者詹姆士．赫克曼

詹姆士．赫克曼於西元一九四四年四月十九日生於美國芝加哥，曾就讀於科羅拉多學院數學系，一九七一年獲普林斯頓大學經濟系博士學位。曾在哥倫比亞大學、耶魯大學、和芝加哥大學任教。

詹姆士．赫克曼和丹尼爾．麥可法登發現了在經濟學以及其他社會科學中對個人和住戶的行為進行統計分析的理論和方法。尤其是赫克曼提出的「對分析選擇性抽樣的原理和方法」。由於他在計量經濟學和微觀經濟學的貢獻，他與丹尼爾．麥可法登在二〇〇〇年一起獲得諾貝爾經

濟學獎。

【回溯歷史】

※ 官錢局

官錢局出現在清代，是朝廷官辦的金融機構。在一九二〇年代，中國各省都改組官錢局，並且建立了省銀行。新疆省就在一九二九年停辦了新疆官錢局，並且於一九三〇年成立了新疆省銀行，後來改成新疆商業銀行，為了統一新疆幣制，於一九三九年發行新幣一千萬元。

要富口袋，先富腦袋

在這個世界上有很多富豪，他們每個人都其聚集金錢的方法，縱觀這些人有一個共同特質，那就是勤於思考。億萬富翁亨利．福特曾說過：「思考是世上最艱苦的工作，所以很少有人願意從事它。」想要變成富豪就要學會思考，學會了思考也就是變相地獲得了財富。

有一個大學生王羽，在大學四年當中他十分刻苦的學習，當別人出去玩的時候，他就獨自在宿舍看書，別人邀請他參加舞會之類的，他也都婉言拒絕，同學們都說他是書呆子。四年中他常常是一幅若有所思的樣子，每天穿著一條洗到泛白的牛仔褲風雨無阻穿梭在宿舍和圖書館之間。四年很快就過去了，馬上到了畢業的日子，大家都開始忙著找工作，王羽也到了一家生產牙膏的大型企業中做了一名普通員工。

他沒去多久，企業的生意就開始有些冷淡，營業額竟然停滯，甚至有下降的危險。有一天公司開會，總經理親自講話並許諾：誰有辦法將營業額提上來，重獎五十萬元。一聽這麼高的獎金，下面的員工開始沸騰了，你一言我一句的討論著，總經理等了很長時間也沒有一個人能想出什麼辦法，正當大家面面相覷時候，王羽走上台去遞給老總一張紙條，老總接過來一看，什麼話也沒說立即起身開了一張五十萬元的支票給他。

後來公司就按照他的建議執行了下去，沒過多長時間公司的營業額直線攀升，老總高興的不得了，專門開會表揚了王羽，又過了一段時間就將那個他升職做了主管。而那張紙條上寫的是：

「將牙膏口徑擴大一公釐。」

短短一句話，這就是思考的結晶，對於這個結果人們往往感覺很簡單，殊不知偉大的創造發明也就是在人們不經意間的事情上，只是人們沒發現罷了。其實，財富也是一樣的，從來沒有財富是擺現在眼前的，都都是透過人們平時苦苦思考、揣摩、經營而成為的一種習慣後，才能看到財富的光芒。

那麼用哪幾種思維方式思考能一針見血的看透事物的本質呢？

一、創造性思維

創造性思維不僅能將事物的客觀和內在聯繫在一起，而且能在這個基礎上產生新的靈感和具有社會價值的思維。我們要時刻懷著好奇的心態去探索我們不知道的事物，在這個過程就會產生很多的疑問，越是有疑問就越會繼續探究，最終肯定能得到一個我們意想不到的結果。

二、發展直覺思維

直覺思維就是不透過推論，即時的領悟或理解。它是我們思維活躍的表現，它既是發明創造的基礎，也是苦苦思索間突然迸出的靈感，直覺思維在創造發明過程中有著很重要的地位。著名的「阿基米德定律」是阿基米德在跳入浴缸的一瞬間，發現浴缸邊緣溢出的水的體積跟他自己身體浸入水部分的體積一樣大，從而悟出了比重定律。

在生活中直覺思維常常表現為：大膽的猜想，新奇的想法、方案和應急的回答，當這些想像突然降臨的時候，一定要記下來這些想法，因為在以後的賺錢的過程中，同樣的想法可能再次出現，這時候就要仔細想要做的事情是否可以有所變通。

三、逆向思維的培養

逆向思維指的是在處理問題時，站在不同的甚至是相反的角度去思考。人類的思維是存在正反方向的，由此產生了正向思維與逆向思維兩種形式。正向思維是人們按照習慣性思考路線去思考，而逆向思維則是違背習慣的路線去思考。人們解決問題時，一般習慣按照正向思維思考，有時候也能找到解決問題的方法。然而，實踐中有很多問題利用正向思維是不易找到正確答案，但運用逆向思維，常常會有出人意料的收穫。因此，我們也要學會用逆向思維思考問題。

「要想富口袋，先要富腦袋」。富人最大的資產就是他們的思考方式和別人不同，他們會獨立思考而不會盲從他人。所以，只要我們學會獨立思考和準確判斷問題，獲取財富將是水到渠成的事。

【世界銀行家】

國際經濟學會第一屆會長約瑟夫．熊彼得

約瑟夫．熊彼得於西元一八八三年出生於奧匈帝國摩拉維亞省特熱什季（今捷克共和國）。

一九一八年，他曾一度出任考茨基、希法亭等人領導的德國社會民主黨「社會化委員會」的顧問；一九一九年，出任由奧托．鮑爾等人為首的奧地利社會民主黨組成的奧國混合內閣的財政部長。一九二五年，熊彼得又回到學術界，一九三二年遷居美國，任哈佛大學經濟學教授，直到一九五〇年初逝世。熊彼得遷美後，儘管深居簡出，但仍積極從事學術活動；一九三七到一九四一年任「經濟計量學會」會長；一九四八－一九四九年任「美國經濟學會」會長。

抓住兩點，輕鬆賺錢

現在的學生們利用休息時間或者是假日可以做一些小生意，賺點錢作為自己的生活費是一件值得鼓勵的事情。比如販售一些小零食、二手物品；有的學生會外出當家教，時薪頗高，這也是個不錯的選擇；有的同學就更厲害了，直接在網上開店賣自己喜歡的東西……但無論我們用什麼方法賺錢都不能忘記做生意的兩項規矩。

第一項、誠信

誠信是幾千年的傳統美德，是生意之根基，是永遠不敗的真理。

有一天天氣很熱，一個顧客不斷用手扇著風，走進了一家汽車店裡。他告訴汽車店長說自己是一名司機，他是想讓店長在他的報銷單上多寫一些配件，回公司可以多報銷金額，他多賺了錢也會適當給店家一點回報。但店長很果斷的拒絕了。顧客固執的說：「我的生意很大，以後會常來的，肯定能給你帶來很大收益。」但店長依然堅持的說：「做生意講究一個誠信，那樣做我會良心不安的。」顧客氣急敗壞的嚷道：「我看你是傻瓜，有錢賺才會心安。」店長生氣了，讓他趕緊離開，但那個顧客卻高興的笑著說：「其實我就是那家運輸公司的老闆，我大熱天跑了一天為了就是找一個固定的有誠信的維修店家，終於讓我找到了，你還要讓我去哪？」

一、不要隨意調動價格

隨意漲價是做生意大忌，儘管我們可以把產品的好處說的天花亂墜，漲價只不過是成本太高，但這樣很還是很容易讓人產生疑問。所以在做基本的成本和盈利的估算的時候，最好一次到位，即使真的是供貨方要提高價格，我們也必須將一些資料證明拿出來作為佐證，這樣人們才會認為我們是真心在做生意也才會樂意接受漲價。

二、不要輕易許諾

做小本生意千萬不能輕易許諾，我們也許為了賣出一些產品會輕易許諾一些優惠，但事後我們就必須要想法設法是兌現，這樣一來我們就處於被動之中，不去兌現會影響自己的信譽，但兌現的話折損了自己的利潤甚至是賠錢。所以，在許諾之前就要想到自己做生意的根本是薄利多銷，實在沒有過多的能力去許諾什麼。要是真的許諾了，就一定要去兌現，把這次的損失或沒賺錢作為一次教訓，千萬不要和諾言過不去，要懂得退一步想問題，這次雖然不是理想的交易結果，但既積累的經驗又提高了知名度，這也不失為一種很好的結果。

第二項、把關好貨物的品質

品質是贏得顧客青睞和回購的重要籌碼，所有的大生意都是從小生意做起的，千萬不能忽視品質問題，一旦觸犯了這條警戒線，生意是不會長久的。所以我們要做到一下幾點：

抓住兩點，輕鬆賺錢

一、控制好貨源

要想控制好貨物的品質必須從源頭重視起，在選擇供應商之前必須謹慎，要對供應商的經營規模、價格、信譽和產品品質有所調查、瞭解，在掌握好基本的資訊後不要急於合作，還要更多瞭解其它的供應商後，進行一個比較之後再做決定供應商。

二、驗收貨物要嚴格把關

驗收供應商貨物的品質要嚴格把關，這是自己利益得失的一道閘門，所以不要怕麻煩。在發現有品質問題的產品時一定要及時和供應商做更換。除此在外還要預先和經銷商協商好，在產品的保固期限內的產品調換，供應商要保證在規定時間內予以調換。

三、認真做好貨物的保護工作

常言道：「工欲善其事，必先利其器」。要想長久的盈利，就要做好對貨物的存放和保護的工作。貨物存放不好，容易受潮引發一系列的問題，這會帶給生意上很大的損失。

四、做好售後工作

對於一些售後品質問題一定要有一個簡單明確的計畫。有的顧客因為使用不當損壞了物品要求更換或保修，這時我們就要看物品是否超過了保固期，對沒有超過保固期的非人為的物品損壞給予更換是無可厚非的，但對於一些人為損壞的物品，我們就傷腦筋了，拒絕更換吧，但沒有超過保固期，更換吧，自己肯定有所虧損，那麼我們可以經過理性協商讓顧客適當加點錢更換新的物品。

做生意是一個過程，我們要不斷在實踐中積累經驗，不斷學習才能讓生意逐步走入正軌，但在生意越做越好的同時更要注重誠信和品質，雖然這只是生意之道的冰山一角，但也是能否把生意做大和賺到更多錢的關鍵。

【世界銀行家】

※ 保守派—自由意志主義的 John Randolph Club 的創辦者穆瑞．羅斯巴德

穆瑞．羅斯巴德，生於西元一九二六年三月二日，是美國的經濟學家、歷史學家、自然法理論家、和奧地利經濟學派的知名學者。他的著作大量介紹路德維希．馮．米塞斯的工作，對於現代的自由意志主義和無政府資本主義理論的發展和傳播有著極大貢獻。

在羅斯巴德的一生中他一直與許多政治思想家和政治運動有所牽連。除了經濟學和政治理論的著作之外，羅斯巴德也撰寫了不少經濟史的著作。他也是少數致力於研究亞當．斯密時期前的經濟學派的現代經濟學家，例如經院哲學和重農主義。羅斯巴德反對將學術領域過度特定化，他試圖將包括經濟學、歷史、倫理學、和政治學在內的多門學科融合為一個「自由的學科」，他在許多書籍和文章裡都述及了這個概念。他的理論也是受到了路德維希．馮．米塞斯的影響，米塞斯主張社會科學是以人類行為的邏輯為根基的，而人類行為的邏輯是不可能透過實驗式的調查加以研究的。羅斯巴德試著以米塞斯的這種概念來引導歷史的研究，尤其是在經濟史的研究上，他也將其套用至《自由構想》一書裡對美國革命的研究上。

【回溯歷史】

※　中國最早的農民起義軍錢幣

北宋太宗淳化四年（西元九九三年）四川青城王小波、李順領導農民起義，後來王小波戰死，李順繼任為領袖，聲勢日漸壯大。第二年農民起義軍攻占成都，李順稱王，建國號為大蜀，定年號為應運。李順稱王時曾鑄應運元寶及應感通寶銅鐵小平錢，流傳下來的極為稀少。此錢現藏上海市博物館，距今一千餘年，是中國最早的農民起義軍錢幣。

致富離不開對未來的預見

一個人要想致富就要有對市場的敏銳嗅覺和較為正確的預見能力，這樣就能把握住商機，決勝於千里。除此之外我們還要克服一些人性上的弱點，比如：沒有果斷的魄力、缺乏應對風險的良好心理素質。所以，在把事情考慮得周到再也找不出漏洞的時候就放手去幹，這樣才能賺到錢。

約翰．洛克斐勒就是因為看到了人們日益增長的汽車需求，以及隨之而來的巨大石油需求才致富的；亨利．福特的時代是富人才能夠擁有汽車的時代，但是他卻看見了中產階層渴望自己擁有汽車的現狀從而獲得的致富；而距離我們更近的比爾．蓋茲則是在國際商業機器公司的那些年邁而聰明的決策者們看好單晶片微電腦的時候，就預測到了個人電腦的美好前景，至此成為了富甲天下的超級富翁。也正是因為年邁的國際商業機器決策者們並沒有像亨利．福特那樣來思考問題，所以才斷送了國際商業機器的未來，成就了後來的微軟公司。

天下不會有免費的午餐，賺錢的機會是要靠我們自己去創造把握。所以，我們不僅要學會總結自己還要有一個周全的賺錢的計畫。

一、以必勝的信念面對未來的預見

作為青少年剛剛學會賺錢免不了和外界各種社交關係來往，時間久了就會磨掉我們身上的稜角，就有了像剛開始學炒股的人「交學費」的心理。事實上絕對不能這樣，我們永遠不能以「交學費」的想法去賺錢，這就是純屬失敗者的心態，它會讓我們覺得自己現狀是理所當然的。相反的，我們應該意識到賺錢是有計畫性的，計畫包括了限制風險以及保持自己的自信，我們只要現在賺的錢大於剛開始交學費的錢時，就成功預見了未來。

二、定期審查、修正自己的賺錢計畫

賺錢永遠不會保持不變恆定的狀態。我們定好了賺錢計畫後，要多注意計畫實施的效果以及此計畫的風險是否在你的承受範圍之內，在必要的時候修改計畫。比如所有的資金都投入在一個生意上，這時會發現資金太過集中，這會讓我們擔心到睡不著覺。這時就必須抽回一部分錢作為流動資金，這樣晚上才能睡得安穩。

三、多關注一些相關的政策並嘗試用自己的知識和經驗判斷市場的情況

要做到這一點是需要時間來積累個人經驗和知識的。時間久了，我們就能憑「感覺」嗅到下一個商機的所在。這幾乎就是一種直覺了，它會告訴你：「該回收資金了，該把資金全投入的時候到了。」這時就將這個直覺和你制訂的規則相比較，問問自己這個直覺是客觀的判斷還是只是一種直覺，自己就會一目了然。

四、每日反省自己

每次犯了差錯，將錯誤寫到紙上，把事情的來龍去脈思考一遍，想想是哪裡出了問題？是不是違反了什麼規則？千萬不要遷怒別人，自己的錯就是自己的錯，犯錯並不可怕，可怕的是自己不承認自己的錯誤。

我們只要把上述的四種習慣和自己的賺錢途徑結合起來，形成一個屬於自己獨特的賺錢方法，然後按著這個堅持走下去總有一天會賺得盆滿缽盈。

【世界銀行家】

※ 統計學界、經濟學界、數學界公認的大師哈羅德·霍特林

哈羅德·霍特林於西元一八九五年九月二十九日出生在美國明尼蘇達州，他是數理統計學者、具重要影響力的經濟理論學者。他原本在華盛頓大學主修新聞學，但後來轉向數學作拓撲領域之相關研究，並於一九二四年獲得博士學位。當他在華盛頓大學就讀時，受知名數學家埃里克·坦普爾·貝爾的鼓舞，從數學轉換到經濟學領域。後來，他四十多歲在哥倫比亞大學任教時，換他鼓舞他的學生肯尼斯·約瑟夫·阿羅，從數學和統計領域轉換到精算學科，朝數學在經濟理論中更廣泛應用之路邁進。一九七二年他被選為美國國家科學研究院的院士。

【回溯歷史】

※ 中國最早使用減筆字的錢幣

中國最早使用減筆字的錢幣是太平天國時期鑄造的「太平天國背聖寶」。錢文中的國字既不是繁體字的「國」，也不是簡體字的「国」，而是「囯」字。

兩招讓你邊玩邊賺錢

如果旅遊不僅能少花錢，甚至能賺到錢，那你去不去呢？你肯定認為這是天方夜譚，其實這是可能的，下面就教給大家邊玩邊賺錢的方法。

第一，學會賺大錢。

旅行的時候，我們一般都是和家人一起出遊，當我們流連於山水之間時，不妨建議家人關注一下當地的旅遊地產。旅遊地產主要有四種：渡假地產、商務地產、景點地產、住宅地產。其中的旅遊房地產，資金投入比較少、長期收益有保證、投資自住兩相宜，適合普通民眾的投資。目前，主要大城市的房價高漲，投資風險日益增大。但周邊的中小旅遊城市的房地產，目前還存在「價值窪地」，我們帶著投資意識去旅遊，或許會有意想不到的收穫。

從旅遊資源的稀缺性來看，旅遊地產確實是一個有潛力的投資管道。只要我們在地點、時間的選擇上恰當準確，後期經營得當，收益是比較可觀的。

當然我們在旅遊投資地產的時候，應該注意以下幾點：

（一）排除自己居住的需求，我們首先應該關注的是出租收益以及投資的空間。而且投資風景區房產更需要量力而行，可以選擇價位相對比較低，或者是那些被低估的房產進行投資；

（二）要詳細瞭解房產所在地的房地產交易以及管理等各個方面的政策和規定；
（三）特別需要注意房產專案土地的合法性以及銷售行為的合法性；
（四）考察投資房產的位置與重點景區距離的遠近，交通情況如何；
（五）詳細瞭解當地開發商的信用度，以及物業公司的經營水準等等；
（六）詳細瞭解當地購房程序、辦理貸款的期限，以及所要交付的稅費。

第二，寫遊記、賣特產，迅速賺回旅費。

也許有人會說，買房做長遠投資這個方法不適合我，因為我手上沒有這麼多資金。有沒有透過短期獲利來平衡旅遊花費的方法呢?下面再教大家一招。

要想邊玩邊賺，最簡便的方法就是寫遊記和賣當地的特產。現在許多人都是透過這個途徑來賺錢的，當然，要想透過寫遊記賺旅費，我們不僅要有不錯的文筆，還要有一顆善於發現美的心。

剛開始寫遊記，也許一投到雜誌社或報社就沒有了音訊，這時我們不要氣餒，可以打電話詢問編輯不用你的投稿的原因，再進行改進，一來二去和編輯聊得熟了，以後你再去旅遊，可以先問問編輯的需求，按要求寫出來的文章，發稿的機率自然大得多。

在旅行途中我們一般都喜歡拍照。除了拍自己和朋友外，我們也可以多角度拍一些風景照。如果照片拍得確實不錯，被雜誌社或報社採用，酬勞可以另計。此外，我們也可以把照片拿出來賣給其他媒體。

同時，我們可以買免稅商品或特產回來轉賣親朋好友，剛開始也許很多人覺得不習慣，擔心引人非議。但畢竟，那些特產在國內是沒有的，大家購買都是圖一個新鮮。再者，某些國內也能買到的商品，如國外的香水、保養品等，即便是加點利潤出售，一般也比商場裡同品牌的商品便宜得多，既然買賣雙方都可以從中得利，何樂而不為呢！

旅行賺錢的方法還有很多，只要我們帶著一雙發現機會的眼睛，一定可以玩得快樂，賺得開心。

【世界銀行家】

※ 經濟組織決策管理大師赫伯特．西蒙

赫伯特．西蒙一九一六年六月十五日生於美國威斯康辛州密爾沃基市。漢名為司馬賀，美國著名學者、計算機科學家和心理學家，研究領域涉及認知心理學、計算機科學、公共行政、經濟學、管理學和科學哲學等多個方向。西蒙的博學足以讓世人折服，他獲得過九個博士頭銜。

西蒙為一九七五年圖靈獎得主，並於一九七八年，獲得諾貝爾經濟學獎。一九八六年獲得美國國家科學獎章以及一九九三年美國心理學會的終身成就獎。

【回溯歷史】

※ 中國最大最重的錢幣

湖南省博物館藏有一枚太平天國特大花錢，已破損，現僅存半片殘片，其直徑為三十三點五公分，厚〇點八公分，半片重達兩千一百七十克。這枚特大花錢為黃銅質，遍體鎏金，正面僅存「太天」二字。邊緣是二龍戲珠圖案，背面尚存一「聖」字，旁有雙鳳圖案，邊緣是八寶紋飾。

這枚錢的錢文如果是完整的，可能正面是「太平天國」，背面是「聖寶」。那麼它的重量將達四千五百克左右，大小猶如一個茶盤，因此，說它是中國最大最重的錢幣是當之無愧的。

正確思考方能致富

億萬富翁亨利．福特曾經說過：「你的頭腦是你最有用的資產，但如果使用不當，它會是你最大的負債。」

世界著名的成功學大師拿破崙．希爾曾寫過《思考致富》一書，書名為什麼是「思考」致富，而不是「努力工作」致富呢？因為最成功的人士強調，最努力工作的人最終絕不會富有。如果你想要變得富有，你需要進行「思考」。獨立思考，做到不盲從他人。富人最大的一項資產就是他們的思考方式與普通人不同。

如果你做過別人做過的事情，那麼你最終只會擁有別人擁有的東西。但是對於大部分人來說，他們擁有的是多年的辛苦工作、高額的稅收和終生的債務。

致富有快捷方式嗎？成功學大師拿破崙．希爾的回答是肯定的。快捷方式的定義是：比一般的途徑更直接且更快的完成某件事情。

走快捷方式的人一定知道自己的目的地。他必須堅決的走出去，無論中途遇到什麼樣的阻礙，都必須繼續走下去，當你確實以積極的態度思考，自然會有所行動，達成你所有的目標，否則永遠到達不了目的地。

喬治．哈姆雷特曾經在伊利諾州的退伍軍人醫院進行療養，他的時間很多，但是除了讀書和思考之外，可以做的事情並不多。喬治．哈姆雷特非常懂得思考的價值，他對自己更是充滿了信心。

【回溯歷史】

※ 中國最輕小的錢幣

中國歷代都有小錢，小錢有時也稱「惡錢」，是貨幣貶值的一種表現。這種錢「一千錢長不盈三寸，入水不沉，隨手破碎，數十萬錢不盈一掬」。因為太輕小，不易保存，所以一千五百年後的今天已經很難見到實物了。

開源節流兩不誤

財富不會無緣無故跑到你身邊來，天上更不會掉餡餅。所以，想要增加自己的財富，就必須要自己努力。在生活中，多留心一些資訊，多動一些腦筋，也許就能找到一份驚喜。

第一，利用大腦讓自己的資產升值。

現今的金融市場發展已經相當成熟了，可以提供選擇的投資產品除了儲蓄之外，還有國債、保險、基金、股票、外匯以及黃金買賣等多種方式。如果僅僅是憑藉你個人的能力，是很難掌握好自己的投資選擇的。如果單純的選擇儲蓄或者是保險，那麼年收益率將不會超過百分之二；而盲目的跟風炒股則會有很大的風險性。其實我們可以到銀行或者是保險公司找一名專業人士，讓他們根據你現有的資產、預期收支、家庭狀況以及個人的投資偏好等設計一套投資組合方案，這樣既能夠規避風險，又能夠提高收益率。

一家財富管理公司的施先生就總結出了自己的省錢經：

巧用基金轉換省交易費用。施先生有朋友在基金公司，告訴他利用基金轉換的一些小竅門，讓施先生如獲至寶。他朋友說，基金不能頻繁轉換，其中的重要障礙就是來回的申購贖回費率，眾所周知，貨幣市場基金的來回費率為零，而各大公司對於同一公司的基金轉換費率又都有優惠，兩個優惠加起來，便有機會可以省下一些交易費用。

巧用基金轉換賺額外收益。這個招數更讓施先生開了眼。開放式基金有多種類型，不同類型的基金贖回時，在贖回資金的時間上會有差異。一般情況下，在銀行贖回股票型、債券型、配置型基金的資金，通常境內發行且投資國內的基金，多在交易後三到五個工作天能領回資金、境內發行且投資海外的基金，則為交易後三到七個工作天，而境外基金至少要七到十個工作天才會拿到款項。有時投資人贖回基金後會發現，明明自己當天贖回看到的報酬率是百分之十，但是，實際拿到的款項可能更高或更低，原因是基金淨值計算的時間。

第二，利用自己的特點、特長來增加收入。

市場經濟下的賺錢之道是發現和創新，而最忌諱的就是盲從和模仿。我們想要增加收入，就必須充分發揮自己的聰明才智，並且利用自身的特點或者特長，做一些別人沒有條件做，或者是想做但是做不成的事情。

比如，王丹是一位文學愛好者，每天工作到很晚，可是一年也發表不到幾篇文學稿件。一天，他任職的報社規定每發表一篇新聞稿按點閱率獎勵的公告，於是他轉而寫報社的新聞，一年下來有了幾萬元的額外收入。

第三，嘗試「無本」收藏。

假如我們專門做一些郵票、古董之類的收藏，這既需要有專門的知識，更需要花費較多的錢財和精力。但是，我們可以根據自己的生活環境、職業特點、業餘愛好等各方面的條件，選擇某個品種，比如打火機、卡片、報紙、名片夾、商標等等，採取無本，或者是低價的收集方式進行收集累積，等到時機再出售，那麼也許就會賺取一筆不小的收入。當你在閒暇的時候，還可以整理一下家裡那些不起眼的舊物，或者是多留意親朋好友家的舊物，說不定還能夠給你一個驚喜。

第四，嘗試透過「聯合」方式來省錢。

對於企業而言，不論是製造業還是服務業都存在一個規模效益的問題，購買產品或者是服務的客戶越多，那麼單位的成本也就越低。因此，你如果需要購買某種產品或服務，可以多找幾個熟人共同去購買，並且與商家議價，這樣也就達到了省錢的目的。

第五，嘗試利用公共設施來省錢。

現今，城市的公共設施，比如公車、捷運以及救助設施都非常完善，不管是在本地，還是出差到外地，假如我們能夠善於利用城市的公共設施，那麼確實能夠省下一筆開支。

下面就是高雄一個普通家庭一個月的開銷：生活費四千五百元，交通費一千五百元，托兒費三千元，通訊費兩千元，香菸費一千五百元，其他兩千五百元，總共合計一萬五千元。我們分析一下則可以知道，如果這個家庭將經常乘坐的「計程車」改成乘坐公車捷運，那麼交通費的支出則可以控制到一千三百元之內；如果去了外國使用電話卡，在本地的時候善於利用公司和家庭電話，手機選擇合適的通話費率方案，那麼通訊費用則可以壓縮在七百元以內，那麼僅僅是這兩項每個月就能夠節約一千五百元，一年節省的錢就相當可觀了。

【世界銀行家】

※　美國國家科學獎獲得者里奧尼德．赫維克茲

里奧尼德．赫維克茲於西元一九一七年八月二十一日生於俄羅斯莫斯科。他在一九一九年於波蘭華沙大學取得法學碩士學位，一九三九年在倫敦政治經濟學院修業後到了日內瓦，第二次世界大戰中去往美國。

他是美國科學院院士，美國經濟學會院士，總統獎獲得者，明尼蘇達大學校董事會講座教授。他對計量經濟學，對動態計量模型的識別問題作出了奠基性的貢獻。一九四七年首先提出並定義了宏觀經濟學中的理性預期概念。其主要研究領域包括機制和機構設計以及數理經濟學。最重要的研究工作是開創了經濟機制設計理論。他曾於一九九〇年因「對現代分散分配機制的先鋒性研究」獲得美國國家科學獎。二〇〇七年，里奧尼德與埃克里．馬斯金、羅傑．梅爾森因「機制設計理論」而獲得諾貝爾經濟學獎。

【回溯歷史】

※ 中國最早鑄有人物圖像的銀幣

光緒三十二年（西元一九〇六年）清政府決定由四川省銀元局正式鑄造四川藏洋。有一藏洋、半藏洋和四分之一藏洋三種，四川藏洋仿英印盧比製造，印度盧比正面鑄有英國女皇維多利亞半身像，四川藏洋正面為光緒側面像，背面為紋環繞著的「四川省造」四個漢字，中央有一橫花子或立花子，花紋與英印盧比相仿，其重量、大小均與英印盧比一致。

它是中國最早鑄有人物圖像的銀幣，也是唯一鑄有帝王像的正式流通貨幣。

第六章　正確看待金錢

開源節流兩不誤

第六章　正確看待金錢

幸福比財富更重要

全世界的經濟發展越來越加速，但是，人們的幸福感並沒有因為自己財富的增加而增強，這是為什麼呢？

就拿美國為例，二戰以來，美國人民的收入比二戰前的收入增加了三倍多。一九五〇年的調查顯示，大約有百分之三十的人認為他們是很快樂的，可是到了現在，這個比例並沒有增加。

有心理學家對彩卷的中獎者進行研究發現，他們在經過短暫的狂歡之後，很快就退回到中獎之前的幸福水準。更多的財富並沒有給我們帶來更多的幸福，其中最主要的原因在於人與人之間的一種攀比心理和虛榮心理。我們之所以常常有一絲不幸福的感覺掠過心頭，是因為總是無意識的與他人進行財富和地位的攀比。

二〇〇九年，心理學家對六個大都市進行了一項調查顯示：從各城市之間來看，人均月收入與幸福感沒有直接的關係，富有的都市的人們並沒有比相對貧窮的都市更幸福；但在同一個都市裡，收入水準與幸福感直接相關，收入越高，人越感到幸福。

這兩個調查結果說明，財富對幸福感的影響是相對的。在同一個都市裡，富人窮人相對容易進行比較，所以富人覺得更幸福。但是都市與都市之間相對不容易進行比較，所以生活在富有都市的人不一定比生活在貧窮都市的人感到更幸福。

人們在判斷自己財產時，問自己的問題不是「我的錢夠不夠用？」而是「我的錢是不是比別人多？」所以，儘管我們的生活水準在不斷提高，但是周圍卻不斷冒出來比自己更加富有的人，這會讓一些虛榮心較強的人感到不快樂。

在《時代》雜誌所進行的調查中，賺錢或者花錢都不是讓人感到幸福的主要因素，那些排在前面的讓人感到幸福因素包括：與朋友或者家人聊天、聽音樂、幫助別人等等。

事實也是如此，很多最讓人感到幸福的事情都不是用錢可以買到的，愛朋友、愛家庭、尊重別人等等，這些都與金錢無關。我們要知道，對於一個貧窮人來說，擁有財富就是幸福；對於追求名利的人來說，功成名就就是幸福；對於一個孤兒來說，擁有一個家庭就是幸福；對於失學兒童來說，能夠重新上學就是幸福。

所以，我們要明白，想要幸福，就要盡量的減少讓自己與別人進行攀比。最真實的幸福其實就來源於我們自己內心的安寧和滿足，一定要學會愛別人，在愛與被愛中體驗真正的幸福。

其實，幸福就是一種心境，在人生的未知旅途中靜靜修煉自己的心靈，你會發現追尋幸福的過程就是一種幸福。著名作家畢淑敏曾經說過：「幸福並不與財富、地位、聲望、婚姻同步，它只是你心靈的感覺。」的確沒錯，我們可以在生活中時常問問自己是否過得幸福。當今社會，很多人抱怨沒有幸福感，其實他們根本就沒有認真探尋幸福的內涵，自然就不會感受到幸福。幸福需要有一顆美好的心靈和淡定的情懷用心感悟和捕捉，幸福的味道需要用心感知，其實幸福就在你的身邊，並不遙遠，幸福也很簡單，只要你用心去爭取，努力去追求，就能得到。幸福不分國界、不論年齡大小，幸福更不會偏愛於某一個人，它對每一個人都是平等的，不管你是偉大的學者還是卑微的乞丐，不管你是富商還是窮人，不管你是舞台上耀眼的明星還是台下的觀眾，你都有資格獲得幸福，你都有權利去擁有它。

【世界銀行家】

※ 一九八七年諾貝爾經濟學獎獲得者勞勃．梭羅

勞勃．梭羅，美國經濟學家，以其新古典經濟增長理論著稱，並在一九六一年被授予美國經濟學會授予青年經濟學家的「約翰．貝茲．克拉克獎」。

梭羅出生於紐約的布魯克林，一九五一年獲得哈佛大學博士學位。他的導師是研究投入產出模型著稱的一九七三年諾貝爾獎得主瓦西里．列昂季耶夫。梭羅現在麻省理工學院任榮譽研究機構教授。

【回溯歷史】

※ 中國最早的正式流通銀幣

中國使用銀錢的時間很早，但在清朝以前銀錢僅僅作為賞賜、儲存用，而非正式流通貨幣。中國正式的流通銀幣應以清乾隆五十七年（一七九二年）鑄造的乾隆寶藏為最早。

養成正確的金錢觀

現在很多人都認為金錢是萬能的。在某間國中，有位老師問學生長大了想要做什麼？得到的答案雖是千奇百怪的，但是都與金錢有關係，甚至有的女同學還直言不諱地說要當富婆。這些現象都是值得我們深思的，我們一定要對金錢有一個正確的認識。

人的一輩子都需要和金錢打交道，如果我們沒有錢，或者不懂得如何使用錢，就不能在這個世界上生存，這也就是人們經常說的：「沒有錢是萬萬不能的。」但是我們也應該明白，金錢不是萬能的，有些東西用金錢是買不來的，比如親情、友情、愛情等等。俗話說：「君子愛財，取之有道，用之有度」，只有這樣，我們才能獲得真正的快樂。

曾經有一個美國的觀光團去非洲的一個原始部落參觀，部落裡面有一位老人，正盤著腿安靜的坐在菩提樹下製作草帽。一位美國商人問：「這草帽怎麼賣？」老人微笑著回答道：「十個披索一頂。」

「我給你一百萬披索，你幫我做十萬頂帽子。」商人仗著他有錢，說起話來總是一副趾高氣昂的樣子。

「對不起，如果那樣的話，我就不做了。」老人淡淡的說。

「為什麼呢？」商人簡直不敢相信自己的耳朵。

老人說：「如果讓你做十萬頂一模一樣的草帽，你不會感到乏味嗎？既然不快樂，要再多的錢又有什麼用呢？」

從這個故事我們知道：

第一，我們要知道錢不是萬能的。

錢可以買來食物，卻買不來食欲；錢可以買來熟人，卻買不來朋友；錢可以買來藥物，但是卻買不來健康；錢可以買來房子，卻買不來家庭；錢可以買來保險，卻買不到平安。所以，凡事不能強求，不要妄圖用錢去解決一切問題。

第二，君子愛財，取之有道。

我們要知道，錢不會白白從天上掉下來，所以不可以用來揮霍，也不要去和周圍的人進行攀比。富有的家庭不一定幸福美滿，貧窮的家庭也不一定就不幸福。把錢用在最需要的地方，才是實現錢的最基本價值。

第三，永遠不要做金錢的奴隸。

金錢與我們的生活息息相關，從古至今，金錢的地位和作用沒有人能夠改變，因此我們可以擁有它，卻不要設法改變它。

金錢可以使富人進行大肆炫耀，但是卻得不到他們想要的快樂。所以我們要明白，金錢並不是萬能的。在平時的理財過程中，我們一定要擺正對待金錢的態度，且莫形成金錢至上的拜金主義。

【世界銀行家】

※ 邊際產業轉移理論的提出者小島清

小島清，日本經濟學家，一橋大學教授。一九六八年初由小島清等組織了以學術界為主的「太平洋自由貿易與發展會議」。該組織主張以美、加、日、澳、新五國為中心，組成一個鬆散的民間協商機構來推動亞太地區的經濟合作。一九六七年底，由日本企業界帶頭，組織了由美、加、日、澳、新五國企業家的「太平洋盆地經濟理事會」。一九七八年提出邊際產業轉移理論：對外直接投資應從該國已經處於或即將處於比較劣勢的產業（稱為「邊際產業」）依次進行。

【回溯歷史】

※ 中國最早的銅元

清朝末年，隨著近代工業的興起與發展，中國貨幣制度及鑄幣工藝發生了一次重大的改革。手工澆鑄的造幣方法已顯得十分落後，理所當然的被機器鑄幣法所替代。就銅幣而言，廣東省造幣廠在光緒二十六年（西元一九〇〇年）首先鑄造出中國第一套機製銅元——光緒元寶。

培養節儉五策略

中國自古就有這樣的古訓：「成由勤儉敗由奢」。人即使到了很富裕的時候，這個基本的真理也不能忘記。節儉是一個人很重要的品質，很難想像，一個從小就大手大腳隨便浪費的人，怎麼能成就一番大事業，做一個頂天立地的人。

曾經有一對父母帶著剛上小學的孩子去逛街。在一個繁華的街口，有一位老爺爺正在賣報紙。於是父親拿出一百元交給孩子，讓他去買十份報紙。當孩子把報紙買回來後，父母告訴他，你現在按照原來的價錢把這些報紙賣出去，你看看你做得到嗎？結果到了傍晚孩子才把這十份報紙賣出去，而且這十份報紙也賺不到多少錢。孩子算了一筆帳，花了這麼長的時間才賺到了幾塊錢，原來賺錢是這麼辛苦的事情。

這時孩子對父母說：「爸爸、媽媽，我以後再也不隨便亂花錢了，賺錢真的太不容易了。」父母及時表揚了他。從此，孩子養成了節儉的好習慣。

其實在世界上的很多富豪，都是非常節儉的人。

有一次，比爾．蓋茲和一位朋友開車去希爾頓酒店，當時在飯店前面停了很多車，車位已經剩下很少了，但旁邊的貴賓車位卻有不少空著。於是朋友建議比爾．把車停在那裡。但是比爾．蓋茲認為太貴了，最後他還是堅持找了一個普通的車位。

李嘉誠也是如此，有一次李嘉誠在上車前掏手帕擦臉，掉出了一枚一塊錢的硬幣，掉在了車下，天還下著雨，但李嘉誠執意要從車下把錢撿起來。後來，旁邊的侍者替他撿回了這一塊錢，李嘉誠於是付給他一百塊錢作為小費，他說：「那一塊錢如果不撿起來的話，被水沖走就是浪費，錢是社會創造的財富，不應該被浪費。」

這些世界頂級富豪的節儉讓許多人無法理解，其實，節儉是富豪們的生活本色和對待財富的態度。如今，很多人都認為談節儉是一種沒面子的事情，似乎一個人懂得省錢，就是吝嗇、小氣的表現。其實，節儉是一個人重要的品質，即使在今天，仍然需要我們提倡和發揚。

古人說得好：「由儉入奢易，由奢入儉難。」如果我們想在以後成就一番大事業，就應當從現在開始養成節儉的好習慣。具體的來說節儉有以下一些方法：

第一，正確認識金錢，正確對待金錢，不義之財絕對不可取。

第二，要學會花錢。

我們的消費行為是由被動逐步走向主動的。從小我們就應該學習如何花錢，如何選擇物有所值的東西。

第三，學會積累。

我們要自己嘗試著進行存錢，培養節儉的好品質。

第四，懂得量入為出。

我們一定要明白，花錢必須要有經濟來源，而且要衡量自己的經濟狀態，不能總是向父母伸手要錢。

第五，懂得珍惜物品，減少不必要的浪費。我們要學會珍惜物品，工作能讓我們體會賺錢的不容易和工作果實的寶貴。

【世界銀行家】

※以「拉弗曲線」而著稱於世的阿瑟·拉弗

阿瑟·拉弗，西元一九四一年八月十四日出生，美國經濟學家，供給面學派代表人物。拉弗生於美國賓夕法尼亞州，先後在耶魯大學，史丹福大學求學。畢業後先後在芝加哥大學，南加州大學，佩珀代因大學任教。雷根政府時期，他是總統經濟政策顧問委員會成員。拉弗之所以引人注目，最主要的還是他所提出的描述稅收與稅率之間關係的曲線——「拉弗曲線」，當稅率在一定的限度以下時，提高稅率能增加政府稅收收入，但超過這一的限度時，再提高稅率反而導致政府稅收收入減少。因為較高的稅率將抑制經濟的增長，使稅基減小，稅收收入下降，反之，減稅可以刺激經濟增長，擴大稅基，稅收收入增加。儘管這一曲線最初是畫在華盛頓飯店餐巾紙上的，但由於其對稅收政策影響經濟的解釋更形象、更具體，從而確立了「拉弗曲線」作為供給面學派思想精髓的地位。二〇一六年，拉弗作為唐納·川普的經濟顧問投身到總統選舉中。二〇一九年，榮獲總統自由勳章。

【回溯歷史】

※ 中國票幅最小的紙幣

清宣統元年（一九〇九年）浙江省將原官銀號更名為浙江銀行，民國元年（一九一二年）改稱中華民國浙江銀行，原為官督商辦。民國四年（一九一五年）改為浙江地方實業銀行。民國十二年（一九二三年）官商股份分開，各自營業，商股稱為浙江實業銀行，官股稱為浙江地方銀行。後者為解決當時輔幣之不足，發行了一種面額為一分的紙幣，這種紙幣長僅五公分，寬僅二點五公分，是迄今為止中國票幅最小的紙幣。

言而有信話誠信

孔子說：「人而無信，不知其可也。」千百年來，人們講求誠信，推崇誠信。誠信作為一種最寶貴的品質，不僅能讓你贏得世人的尊重，更重要的是，它能夠讓你在金錢的誘惑下保持最善良的本性。

在西元一八三五年，摩根先生成為了一家名叫「伊特納火災」小保險公司的股東。原因就在於這家公司不用馬上拿出現金，只需要在股東名冊上簽上名字就可以成為股東，而這在當時正符合當時摩根先生沒有現金，卻想獲得收益的情況。

在不久之後，在伊特納火災保險公司投保的一位客戶家裡發生了火災。如果按照當時的規定，若公司需要完全付清賠償金，而保險公司就會破產。結果股東們一個個驚惶失措，紛紛要求退股。

而摩根先生考慮再三，認為自己的信譽比金錢更加重要。摩根先生也並沒有像其他股東那樣企圖逃避責任，而是賣掉了自己的住房，開始四處籌款，從而低價收購了所有要求退股的股份。之後，他將賠償金如數付給了投保的客戶。

透過這件事情，伊特納火災保險公司聲名鵲起。身無分文的摩根先生成為保險公司的所有者，但此時的保險公司已經瀕臨破產。無奈之中，他打出廣告，凡是再到伊特納火災保險公司投保的客戶，一律加倍收取保險金。

令摩根先生沒有想到的是客戶蜂擁而至。原來在很多人心目中，伊特納公司是最講信譽的保險公司，這一點使它比許多有名的大保險公司更受歡迎，伊特納火災保險公司從此崛起。

許多年後，摩根主宰了美國華爾街金融帝國。成就摩根家族的並不僅僅是一場火災，而是比金錢更有價值的東西——信譽。

有很多品質與金錢無關，誠信便是其中一種。如果說生命是一座莊嚴的城堡，那麼，誠信就是建築的頂梁柱；如果說生命是一棵蒼翠的大樹，那麼，誠信就是那深扎的樹根；如果說生命是一場華麗的演出，那麼，誠信就是那激情的指揮……失去誠信，生命的動力便蕩然無存。

那麼，我們該如何來講誠信呢？

第一，不要自己欺騙自己和別人。

許多人都花言巧語的哄騙過別人，也許這種不負責任的哄騙起初還奏效，但時間一長，別人便會識破我們的謊言，隨著被欺騙次數的增多，別人就會越來越不信任你。

第二，給別人做個好榜樣。

在古時候就有「曾子殺豬，以信教子」的故事：

曾子因為妻子隨意給孩子們許下的諾言而把豬給殺了，曾子對妻子解釋說：「對孩子應該說到做到，不然就是明擺著讓孩子們學習撒謊嗎？大人說話不算數，以後還有什麼資格教育孩子呢？」

曾子用他的言行告訴大家，不管對待誰，都要言而有信。所以我們要時時注意自己的言行舉止，給別人起到一個表率作用。

第三，不輕易許諾。

「一諾千金」這個詞大家誰都不陌生，許下的諾言就應該盡力實現。因此，你不應該隨意對別人許諾，一旦答應了別人，就一定要做到。如果因為種種原因兌現不了，應及時向別人解釋、道歉，讓別人從內心理解和原諒你。

【世界銀行家】

※　華裔經濟學家中排名最高的鄒至莊

鄒至莊，知名的美籍華人經濟學家，美國普林斯頓大學政治經濟學教授和經濟學名譽教授。分別在康奈爾大學和芝加哥大學取得學士和博士學位。曾發表計量經濟的鄒檢驗。它可以測試兩組不同數據的線性回歸係數是否相等。在時間序列分析中，鄒檢驗被普遍地用來檢驗結構性變化是否存在。一九七〇年研究計量經濟學與動態經濟學，一九八〇年以後開始研究中國經濟。曾擔任臺灣政府經濟顧問參與臺灣經濟發展，也在中國推廣經濟學教育，並參與中國經濟改革，擔任中國經濟顧問。

【回溯歷史】

※ 中國最早的人民幣

一九四八年時任華北銀行發行科科長的石雷所收藏的一張面額為伍拾元的人民幣乃是中國第一張人民幣。

錢不是炫耀的資本

李敖曾經說過：「錢可以給人自由。」言外之意就是有了錢，你將不會被束縛，你無需依賴任何人，將會是自由的。當然，錢給人自由的前提是：如果給你一筆錢，使你這一生中，都足以支付一般的生活開銷，意味再也無需為錢而工作，你就可以過你想過的生活，做你想做的事，你將是自由的。可是如果沒有錢，就意味著你什麼都不能買到。所有這些都說明：「錢不是拿來炫耀的，是拿來用的。」

很多人都認為錢是萬能的，有了錢就可以炫耀了。但是錢雖可以買到床，但買不到睡眠；錢可以買到鐘錶，但買不到時間；錢可以買到書本，但買不到知識；錢可以買到職位，但買不到尊敬。

這樣你還認為錢是可以用來炫耀的嗎？實際上，在你身邊總有這樣的人，他們喜歡在別人面前炫耀自己多有錢，以為這樣能贏得別人的尊重，可是恰恰相反，他們這樣反而惹來了別人的反感。

李明工作後努力存錢買了輛高級轎車，結果不到一年價格就下跌了好幾萬，當他的朋友對他表示同情的時候。他卻說，「其實我心疼的不是那幾十萬元，而是價格下跌後，我這車的級別也跌下來了，面子也就跌下來了。」

其實他的朋友知道，他一個月的薪資也就不到三萬元，當時買車還貸了款。平時他也很少開，因為光保養費就不是一個小數目。更讓他鬱悶的是：每次聚會的時候同事總是開玩笑要他買單，他為了面子也從不拒絕。

看了這個故事，你可能覺得有點好笑！也許你會嘲笑故事裡的這個人沒錢還喜歡顯擺。不過，這種故事在生活中卻是時常發生。

如果把錢作為一種炫耀的資本，錢就會使人變得卑微起來，生命也多了一點悲涼的意味。很多人以為大肆「顯擺」就能得到別人的仰慕和尊敬，那你就錯了。事實上，那只能顯示出你的淺薄，因為人們都知道：善於賺錢的人會慎重的使用金錢，因為他們明白，節儉不僅是一種美德，更可以帶來收益。

一般情況下，越是富有的人，越應該謹慎且高效率的使用金錢；反而錢少的人往往更喜歡打腫臉充胖子來顯示闊氣。許多擁有巨大財富的人反而穿著十分簡單，在旅行的時候，大多人都喜歡輕便的牛仔裝、球鞋。而那些自以為非常有錢的人，在平時則是一擲千金，出外旅遊的時候也喜歡穿金戴銀，就怕別人不知道他多有錢似的。

事實上，真正能讓別人得到尊敬的是你的內涵，你有多少「料」，別人一眼便知，再裝也沒用。

出身貧寒的石油大王洛克斐勒年輕時就勤奮創業，獲得了成功。但隨著他的成功，他越來越想賺取更多的錢來顯示自己的成功。

對金錢的貪婪之心使他變得冷酷無情。他做了大量損害居住在油田地區居民利益的事，連親弟弟也不能原諒他的所作所為。後來，他開始學著放下這種追名逐利的炫耀心態，開始重新認識自己的金錢，並利用自己的財富幫助那些需要幫助的人。

再多的金錢也不能使你贏得別人的尊重，真正讓你贏得別人尊重的是你對待金錢的態度；再多的金錢也無法證明你的成功，能證明你成功的，是你如何使用這些錢。

一個人要想真正的被人尊重，必須懂得理智的對待金錢。要明白什麼對自己是最有價值的，如果不明白這一點，那麼不管賺了多少錢，都不能填滿空洞沒有價值的生活。

【世界銀行家】

※ 競爭策略之父麥可·波特

麥可·波特出生於密西根州的安娜堡。著名管理學家，他是當今全球第一戰略權威，是現代最偉大的商業思想家之一。西原一九七一年波特獲得哈佛大學的工商管理碩士及經濟學博士學位，二十六歲成為哈佛商學院教授，是哈佛歷史上最年輕的教授，三十二歲即獲哈佛商學院終身教授之職，是當今世界上企業經營策略和競爭力方面公認的權威。目前，他擁有瑞典、荷蘭、法國等國大學的八個名譽博士學位。麥可·波特的三部經典著作《競爭策略》、《競爭優勢》、《國家競爭優勢》被稱為競爭三部曲。二〇〇一年領導著「策略和競爭研究所」，曾任雷根政府「產業競爭力委員會」的委員。

【回溯歷史】

※ 中國最早以少數民族文字為錢文的錢幣

一九七七年遼上京遺址出土一枚契丹文大錢，譯文為「天朝萬順」或「天朝萬歲」，據考證為耶律阿保機建國前（西元九〇七年）鑄。這應該是中國最早以少數民族文字為錢文的錢幣。

君子愛財，取之有道

我們的衣食住行哪樣都離不開錢，因此，「君子愛財」無可厚非。但如果愛錢、貪錢，甚至不擇手段的聚斂財富，無疑會讓你走向犯罪的深淵。

金錢是人類生存的基礎和財富的象徵。在人類社會的發展中，金錢起到了一定的進步作用。它在商品交換過程中產生並發展起來，成為文明社會不可缺少的特殊商品。然而，誰也不可以低估金錢對人心的腐蝕性。下面我們看這樣一則故事：

有一位商人請唐伯虎寫對聯，唐伯虎立刻書寫一副：「生意如春意，財源似水源」。誰知商人不滿意，於是唐伯虎改寫道：「門前生意好似夏夜蚊子隊進隊出，櫃裡銅錢要像冬天蝨子越捉越多。商人拍手叫絕：「太好了，太好了，正合我意！」

這則笑話很形象的反映了一些人對金錢貪得無厭的庸俗心態。過度追逐金錢，必然滋長佔有慾、攀比心理，助長拜金主義、享樂主義，導致欺詐、貪贓、受賄、搶劫等許多犯罪行為。金錢對那些愛錢如命、貪得無厭的人來說，就像魔鬼一樣，使其鬼迷心竅、失去理智，做出違法亂紀的事情。

在世上有很多比金錢更寶貴的東西，比如崇高的理想、優秀的品格、高尚的道德、無私的親情等。金錢猶如一面鏡子，乾淨的人照出潔白無瑕，汙濁的人照出醜陋嘴臉。對於金錢，培根強調，「應用正當的手段去謀求，靠卑劣手段得來的財富是骯髒的。」如果以有錢為樂、以享受為人生的追求，必然會導致我們去貪不義之財。

「君子愛財」，是以「取之有道」為基礎的，愛財而取之無道，就是不義之財了。不義之財的種類有很多，貪汙受賄、偷搶拐騙等，這些都是不法行為。既然遊走法網，你就不可能放鬆神經，以平常心態去對待財富。所以，這樣的人往往無法體會到生活的美好。

一個人賺錢的方式往往影響著他的消費習慣，不義之財既然來得不正當，往往就會導致不正常的消費。過去很多人到美國，大多是為了賺錢，現在到美國的很多人，卻是為了消費。

有一篇報導說，近年來美國西海岸許多地方的房價之所以一漲再漲，與很多外國人在這裡購房有關。這些外國人出手闊綽，許多在美國人眼裡豪宅的房產，這些人往往是拿現金交易，一次付清，看得美國人目瞪口呆。

很多人由於沒有正確的金錢觀，貪圖享樂，拼命斂取不義之財，最後為之付出慘痛的代價。其實，金錢既不是天使，也不是魔鬼，只要正確的對待它，就不會落入萬丈深淵。

如果我們能夠取之有道，用之有度，賺錢和消費就是一件非常快樂、充實的事情。

「人生的最終目的不是金錢，而是快樂。」人能不能活得快樂，客觀環境固然重要，但在很大程度上還是取決於自己。學會樂觀並快樂的活著，可以提高自己的生活品質，還可能會延長壽命，使人的生命顯得更有意義。

賺錢的最高境界是快樂的賺錢。雖然很多時候，魚和熊掌不可兼得，但這絲毫不會動搖我們為之而努力的決心。

【世界銀行家】

※　日本中央銀行行長白川方明

白川方明，日本經濟學家，東京大學經濟學系畢業，一九七二年進入日本銀行，隨後在芝加哥大學獲得經濟學碩士學位。二〇〇八年四月九日，日本國會參議院和眾議院表決通過由時任日本銀行副行長和代理行長的白川方明出任行長。

在二〇一二年十二月安倍晉三成為首相後，提出將通膨目標設定在百分之二，但白川只願意目標定在百分之一，並且不願採取更激進的寬鬆措施。在二〇一三年一月，白川被迫接受安倍呼籲將央行通脹目標提高至百分之二的要求。同年二月五日在與日本首相安倍晉三會晤後，白川於當晚宣布辭職。

【回溯歷史】

※　中國現存最早的錢幣學著作

中國錢幣學遺產非常豐富，早在一千四五百年前就有了錢幣學的專著，但是北宋以前的錢幣學著作均已失傳。倖存於今的最早錢幣古譜當推南宋洪遵《泉志》一書。

懂得與他人分享金錢

一個完美的成功者，不僅僅是自己能夠積極的去創造財富，更重要的是他們還有一顆博大的胸懷，不斷地給別人以幫助，讓金錢大放光彩，讓人生變得更有價值。

洛克斐勒家族就有把財富和別人分享的良好傳統，這個家族擁有世界上最大的跨國石油公司，經濟實力相當雄厚。在洛克斐勒晚年的時候已先後分散了上億的鉅款，分別捐給學校、醫院、養老院等，並建了一個龐大的慈善機構。

老洛克費勒的兒子小洛克斐勒也像他父親一樣熱衷於慈善事業，一次他去南方黑人學校考察，回來後就和父親商量，建議創辦教育委員會，老洛克斐勒二話沒說就給了他一千萬美元，後來又捐贈了三千一百萬美元，這個善舉讓無數人受益。

有一句名言說：「人並非為了獲取而給予，給予本身即是無與倫比的快樂。」當你給予別人幫助時，自己也將獲得快樂和滿足。

給予，才可以獲得。只有懂得幫助別人的人，別人才有可能在自己也需要幫助時，會毫不猶豫的為你挺身而出。給予是一種美德，有能力給予別人，更是一種幸福。

給予與獲得是相互的，這就如物理學中力的作用力與反作用力一樣。你給予別人，日後才有可能獲得別人的回報。一個「只進不出」的人是被大家所唾棄的，當他遇到困難時，定會眾叛親離。吝嗇成性的人，即使一時獲得了成功，也會臭名遠揚。俗話說，「失道者寡助」，這麼一來當輪到自己遇到困難時就是「叫天不應，叫地不靈」了。

有一位老太太，自己一個人生活。住著很破舊的房子，吃穿都十分簡單。然而，令很多人都無法置信的是，這位老太太居然有一筆「鉅款」，她將自己十餘年來收破爛、揀垃圾所積攢的錢，捐給了一所希望小學。並且，這十餘年間，她不斷的為街道做義工。

當人們問及這位老太太「為什麼不拿錢改善自己的生活」時，老太太說：「幫助別人，我覺得很快樂。我一個人生活，常常感覺孤獨，可是，自從我常常幫助別人以後，我就覺得充實多了，這十多年來我幾乎很少生病，和我心情愉快是分不開的。我這麼大年紀了，吃得好或是吃得差、穿得好或是穿得差，都沒有關係。把這些錢用來幫助那些可憐的孩子，我覺得更有意義。」

的確，奉獻、給予，讓平凡的人生變得不平凡，讓原本卑微的生命變得高尚起來，也讓自己獲得了精神上的富足和愉悅。給予，是一種美德，一種我們每個人都應該學習並將之發揚光大的美德。當愛的接力棒代代相傳時，我們便賦予了金錢耀眼的光芒，這個世界也必將更加美好。

【世界銀行家】

※ 美國德克薩斯州農工大學傑出人才獎獲得者田國強

田國強於西元一九八〇年獲得華中理工大學數學學士學位，一九八七年獲美國明尼蘇達大學經濟學博士學位，一九九一年於德克薩斯州農工大學破格提前晉升為副教授並獲得終生任期教授資格，並為德國康斯坦茨大學客座教授；一九九五年被提前升為終身任期正教授。

現為德州農工大學大學經濟系教授、民營企業研究中心高級研究員、上海財經大學經濟學院院長、長江學者講座教授、中國國務院發展研究中心國際技術與經濟研究所顧問，同時也是香港科技大學、華中科技大學、西北大學等大學的兼職教授，曾任清華大學特聘教授。

【回溯歷史】

※ 中國最早的龍洋

清朝末年，中國許多省份先後鑄造機製銀幣，其中有的銀幣背面鑄有蟠龍紋，俗稱「龍洋」。中國最早的龍洋是張之洞倡議鑄造的廣東龍洋。

金錢是一面鏡子

有時候金錢就像一面鏡子，能映照出真實的你。但是，也正如著名心理學家佛洛伊德所說的：「每一個人的內心深處，都潛在著一個魔鬼的形象，讓你不由自主的感到害怕、威脅甚至被金錢所反映出的真實的自我而震懾。」當一個人追求金錢時，他會表現出另一面真實的自我。

也許你覺得這有點危言聳聽，畢竟，學生時代的我們，有著非常純淨的內心世界。對於成人世界裡的追名逐利，你會覺得有些不可思議。看到那些為了金錢不顧一切的亡命之徒，你會覺得憎惡，進而不理解：他們要那麼多錢幹什麼呢？

而對於學生來說，小小的世界裡還沒有那麼多的複雜和邪惡，大多保留著真、善、美的美好品格。不過，這也許是因為還沒有真正長大，還沒有接觸到社會這個大染缸。每個人的內心都有貪婪的一面，即使是一個很善良的人，倘若意志不堅，也會在金錢面前暴露這種本性。

所謂「一失足成千古恨」，我們沒有錢，還可以再賺；然而一旦失去了人格，就好似被這個世界踩到了腳下，永遠無法堂堂正正的做人。

所以說，我們應該從一開始就培養自己的抵抗力，以應付人生中種種導致我們走向邪惡的誘惑，而一旦我們抵抗住了這種誘惑，給予我們的將是豐厚的回報。

三年前，高珊是一名大一學生。在大一那一年的暑假裡，她得到了她夢寐以求的第一份兼職工作——在一家補習班擔任招生服務人員。這是一家頗具規模的補習班，在補習界很有名氣。因為正值大學聯考之際，各大補習班之間競爭得相當激烈。當時的她還是一個新手，常常跟隨著前輩吸取經驗。她發現：不少人以攻擊別家補習班的缺點來強調自己的優點，又有些人則是誇大其詞的來標榜自己。

出於一種良知，她自己在招生時，會將情況如實的告訴學生及家長，並且也不批評別家的補習班，還建議他們可以多家比較。也許你會認為她將招不到學生，可是結果反而是有增無減。

就在高山滿心歡喜之際，主任提出了一個要求：要她到別家補習班上班但招攬學生到現在的補習班來。之所以選擇她，一是因為她表現好，二是因為她是新面孔，不易引起別人的懷疑。主任強調說，只要帶回一個學生，就獎勵五千元。

這真是一個很大的誘惑！然而，高珊卻想：其他的補習班僱用了自己，是表示他們信任自己，自己怎麼可以做出不利於那家補習班的事呢？自己又該如何面對兩邊的同事呢？更何況，自己的人格又僅值得這些錢呢？

於是，第二天高珊便提出辭呈，放棄了這個賺錢的機會。

直至今日，高珊想起當初的決定，都感到很慶幸，沒有因為錢而毀壞自己的人格。

很多人憎恨金錢，認為金錢是「萬惡之源」，帶給人們痛苦和災難。但實際上，金錢本身是沒有罪過的。它只是一面鏡子，更準確的說，是一面「照妖鏡」，邪惡的人一下子就露出了原形，而內心堅定、擁有自尊的人，卻能夠抵制住誘惑，依然做一個完整、高尚的人。

【世界銀行家】

※　著名經濟評論家大前研一

大前研一，日本著名管理學家、經濟評論家，國際著名企業策略家及經濟評論家，出生於北九洲市若松區。

日本早稻田大學應用化學系畢業，東京工業大學核工碩士、麻省理工學院核工博士。一九七〇年至一九七二年，任職日立製作所核能開發部工程師。一九七二年始，任職於麥肯錫顧問公司，一九七九年升任為該公司日本分公司總經理，一九八一年擔任該公司董事，一九九五年離職。其後曾先後擔任史丹福大學客座教授、大前協會董事、創業家學校創辦人。

大前研一專長於跨國企業的市場策略、海外投資、組織系統及經營方針之規畫。大前研一的全球化觀點被英國學界四位大師歸類為「超全球化學派」的新自由學派之一，其《無國界世界》、《看不見的新大陸》等書最為重要。他常受邀於亞洲各國，從事國家重大投資開發計畫之評估。挑戰傳統的逆向思考方式，及坦率直言的風格，在全球各論壇中都獨樹一幟。

【回溯歷史】

※　中國最早的錢幣學專著

中國最早的錢幣學專著是顧烜的《錢譜》。顧烜是南北朝梁人，曾任建安令，贈侯爵，乃孫吳丞相顧雍之後。可惜這部最早的錢幣著作已經失傳。

財商

要富口袋，先富腦袋 — 學會聰明理財，低薪族也能財務自由

官網

財商：要富口袋，先富腦袋 學會聰明理財，低薪族也能財務自由 / 梁夢萍，才永發著 . -- 第一版 . -- 臺北市：崧燁文化，2020.10
面；　公分
POD 版
ISBN 978-986-516-500-0(平裝)
1. 個人理財
563　　109016074

財商：要富口袋，先富腦袋
學會聰明理財，低薪族也能財務自由

臉書

作　　者：梁夢萍、才永發　著
發 行 人：黃振庭
出 版 者：崧燁文化事業有限公司
發 行 者：崧燁文化事業有限公司
E-mail：sonbookservice@gmail.com
粉 絲 頁：https://www.facebook.com/sonbookss/
網　　址：https://sonbook.net/
地　　址：台北市中正區重慶南路一段六十一號八樓 815 室
Rm. 815, 8F., No.61, Sec. 1, Chongqing S. Rd., Zhongzheng Dist., Taipei City 100, Taiwan (R.O.C)
電　　話：(02)2370-3310　　傳　　真：(02) 2388-1990
總 經 銷：紅螞蟻圖書有限公司
地　　址：台北市內湖區舊宗路二段 121 巷 19 號
電　　話：02-2795-3656　　傳　　真：02-2795-4100
印　　刷：京峯彩色印刷有限公司（京峰數位）

定　　價：270 元
發行日期：2020 年 10 月第一版
◎本書以 POD 印製